FOR$_2$

FOR pleasure   FOR life

人生的行銷企劃書

做你熱愛的事，並從中獲利、創造人生意義。

Robert Michael Fried（羅伯‧麥克‧傅立德）————著　洪慧芳————譯

Igniting
Your
True Purpose
and
Passion

A businesslike guide to fulfill your professional goals and personal dreams

FOR2 023
人生的行銷企劃書
Igniting Your True Purpose and Passion
做你熱愛的事，並從中獲利、創造人生意義

IGNITING YOUR TRUE PURPOSE AND PASSION
by Robert Michael Fried © 2011
This edition arranged with InkWell Management
through Andrew Nurnberg Associates International Limited.
Complex Chinese© 2014 by Net and Books, an imprint of Locus Publishing Company
All Rights Reserved.

作者：Robert Michael Fried（羅伯‧麥克‧傅立德）
譯者：洪慧芳
內頁插畫：Jayce Lee
封面設計：蔡南昇
美術編輯：Beatniks
責任編輯：冼懿穎
校對：呂佳眞

法律顧問：董安丹律師、顧慕堯律師
出版者：英屬蓋曼群島商網路與書股份有限公司台灣分公司
發行：大塊文化出版股份有限公司
台北市 10550 南京東路四段 25 號 11 樓
www.locuspublishing.com
TEL：(02)8712-3898　　FAX：(02)8712-3897
讀者服務專線：0800-006689
郵撥帳號：18955675　　戶名：大塊文化出版股份有限公司

總經銷：大和書報圖書股份有限公司
地址：新北市新莊區五工五路 2 號
TEL：(02)8990-2588　　FAX：(02)2290-1658
製版：瑞豐實業股份有限公司

初版一刷：2014 年 3 月
初版六刷：2018 年 4 月
定價：新台幣 380 元
ISBN：978-986-6841-52-1
版權所有　翻印必究
Printed in Taiwan

本書獻給我多年的好友兼同事鮑勃．柴奇克（Bob Zeichick），他的深刻見解及專注當下的能力，永遠是我希望效法的典範；也獻給有勇氣離開海岸、發現新海洋的每個人。

致謝

本書是啓動七年自我探索之旅的結果。當塵埃落定時，最後我發現旅程本身才是眞正重要的。我想大力感謝幫我展開旅程、完成個人轉變的所有貴人。

謝謝見解深刻的多年好友兼事業夥伴柴奇克，他建議我爲第一本書寫續集，並指導整個專案的完成。我也要感謝文學發行社（Literary Launch）的創辦人吉賽兒・夏皮洛（Giselle Shapiro），她全心全意地投入研究及出版手稿；謝謝恩內斯托・艾塔馬力諾（Ernesto Altamarino）熱情地處理研究的商業面；謝謝茱蒂・胡德斯頓（Judy Huddleston）的悉心校對，她對細節的敏銳關注幫了我很多忙。

我特別要感謝全力支持我的朋友瑪麗蓮・貝拉克（Marilyn Bellock），她幫我爲整本書定調和規劃方向。我也要感謝好友兼同事柏特・大維（Bert Davey）和麥克・唐尼（Mike Downey）永不停歇的支持。

特別感謝蜜雪兒・郝利（Michelle Howry）在企鵝出版社（Penguin）巧手編輯了我的處女作，後來也持續提供我絕佳的資訊和鼓勵。

謝謝安迪‧坎德拉里亞（Andy Candelaria）的創意和精彩的美術設計，讓本書活靈活現。

我也想感謝幫我出版第一本書的每個人，沒有你們的幫忙，就不會有這本續集。

謝謝我哥丹尼斯的持續支持，以及我姐凱倫持續擔任我們家庭的大家長。她爲重病的患者所提供的尊嚴照顧與安慰，對我們都是一大啓發。

最後，我想讚揚每位有勇氣及毅力冒險追尋人生眞正目的的讀者，希望自我探索的旅程都能帶你邁向成功的康莊大道。

CONTENTS  目錄

+ + + + + + + +

行銷規劃　人生規劃

致謝・・・・・・P.4　　結語・・・・・・P.334

序言・・・・・・P.10　　練習題・・・・・P.338

簡介・・・・・・P.15

Point **1** ・・・・・・ P.22

定義你所在
的事業

找出自己是誰
及想成為什麼

「人生的意義在於有意義的人生。」

Point **4** ・・・・・・ P.98

推出策略

找到利基點
放膽冒險

「往上看著階梯還不夠，我們必須
踏上階梯。」

Point **5** ・・・・・・ P.122

度過產品週期

每個階段都
重塑自我

「我們以展望未來過日子，但從回
顧過往了解人生。」

Point **9** ・・・・・・ P.230

規劃配銷

善用時間
與精力

「要緊大事不可受制於枝微末節。」

Point **10** ・・・・・ P.254

達到銷售目標

走出去實現
個人目標

「目標是有期限的夢想。」

Point 2 · · · · · · P.46

評估市場　善用你的優點

「做你擅長的事，而非你先天不適合的事。」

Point 3 · · · · · · P.70

找出目標客群　找出真實自我

「做回你自己，永不嫌遲。」

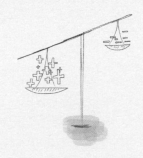

Point 6 · · · · · · P.150

打造品牌　打造個人品牌

「在整個人類歷史中，不會再有另一個你，每個人都是獨一無二的奇蹟。」

Point 7 · · · · · · P.172

拓展範圍　留下典範

「死後唯一跟著你的，是你留下的遺澤。」

Point 8 · · · · · · P.200

打造影響深遠的廣告活動　重新喚醒內在創意

「每個小孩都是藝術家，問題是長大後如何維持那藝術天分。」

Point 11 · · · · · P.276

分析損益　盤點個人損益

「衡量財富的真正方式，是看你金錢盡失後有多少身價。」

Point 12 · · · · · P.308

建立機會目標　實現夢想

「只有當遺憾取代了夢想，才算年華老去。」

序言

　　寫完第一本書《人生行銷計畫》（*A Marketing Plan for Life*）後，發生了很多事。金融海嘯席捲了全球，經濟危機促使我們重新評估核心價值觀，並退後一步檢視我們對「真正」的成功做何定義。在金融危機期間，銀行和房地產業接連崩解，造成兩位數的失業率。曾經令人景仰的企業彷彿是搭建在流沙上，備受推崇的執行長遭到猛烈抨擊，相較之下，名廚成了耀眼的新星。

　　美國夢的光環看似逐漸黯淡，但美國夢並未破滅……是我們自己偏離了當初讓這個國家卓越的核心價值，才會陷入失控。我們的「獨立宣言」強化了人生、自由及追求幸福的價值。那裡面並未提到「每個鍋裡都有四隻雞[1]」，炒房當金雞母，或開耗油的休旅車。

　　我們從經濟崩盤中記取的寶貴教訓，正是重新擦亮美國夢所需的動力。那夢想讓我們不僅追求個人身價，也追求自我價值，更充分體現了作者尼爾森・韓德森（Nelson Henderson）在兒子畢業那天對兒子說的話：「人生的真實意義在於栽種樹木，但不求日後乘涼。」

就很多方面來說，我們之前經歷的動盪年代（或者我應該說「失落」的十年）很可能讓我們徹底改變，也許那正是在黑暗中啟動我們個人重生的曙光，讓我們成為冒險進取的人生創業家，幫我們更充分了解真正的成功在於回饋。

許多調查及蓋洛普的民調顯示，我們逐漸回歸核心價值，關注真正重要的事情。現在大家比較不愛招搖的炫耀，比較關注人生的真正使命。我們不再肆無忌憚地胡亂消費，開始了解貴重物品不像我們珍愛的人和理念那麼重要。

在《人生行銷計畫》中，我主張行銷計畫的原則也可以套用在人生上，讓人生變得更平衡、充實、有意義。問題在於很多企業和金融機構投機取巧，偏離了當初幫它們奠定崇高地位的健全原則和企業價值觀。相反的，蘋果、谷歌（Google）、西南航空（Southwest Airlines）、亞馬遜等公司在混亂的時代裡，持續堅持核心價值觀，依舊蓬勃。

在企業中，行銷計畫需要隨著市場狀況的改變，持續檢討與修正。個人也該如此，隨著個人狀況的改變，或意外事件對人生的衝擊，我們需要因應現實生活的轉變，持續檢討核心價值和目標。不過，我們應該小心，不要過度規劃，因為人生免不了會對我們拋出一些變化球。約翰‧藍儂（John Lennon）有句名言：「生活，就是你忙著做其他計畫時所發生的事。」

過去幾年，我踏上自我探索之旅。為一些比我個人更遠大的理念，主動貢獻行銷方面的專長，試著創造意義，也創造獲利。我必須把一些個人記取的教訓運用在人生中，並且了解到人生中最美好的其實不是「事物」，真正的成功永遠都和他人有關。在經濟動盪期間，自我探索之旅就像在走鋼索，有時感覺自己就快從高空跌落，然而我知道，萬一我在途中稍稍失衡，下方還有安全網接著我。林肯的話不時在我耳邊迴盪：「最終，真正重要的不是生命中的歲月，而是歲月中的生活。」即使我需要努力提高個人淨值，才能跟上目前依賴我贊助的慈善理念，真正幫我大幅提升自尊的，是深入體驗的人生。

儘管路途蜿蜒，有時路面坑坑疤疤，巨石碎礫處處，但我很樂意再走一遍這趟自我探索之旅，因為這趟旅程激發了我人生真正的目的和熱情。當你展開自我探索之旅時，請謹記知名作家娥蘇拉·勒瑰恩（Ursula K. Le Guin）的獨到見解：「有個指引你邁進的終點固然可喜，但是最終而言，重點在於旅途本身。」

對讀過我上一本暢銷書《人生行銷計畫》的人來說，這本新書是以同樣的工作／人生規劃流程為基礎。不過，書裡大幅增添了以下的加值內容：

- 本書全面更新，以反映當今的社會經濟狀況及時代變遷。
- 每章都有七個啟動步驟，幫讀者採取行動，充分發揮個人成長的潛

力。

　●本書提供大量更新的內容，加入許多新的軼事、職場與生活的故事、名言錦句，好讓讀者覺得內容生動靈活。

　●本書最後的「練習題」單元讓你從下面三種方式中挑一種，來處理你自己的人生議題：

　1. 在你的筆記上回答本書最後的練習題，答完後把筆記收進抽屜或檔案櫃，以後再拿出來看。我建議你不要把答案寫在書上，這樣才能跟親朋好友分享這個練習，又不影響他們作答。

　2. 上 www.thirdwind.com 註冊。我們會以電子郵件寄給你一張表格，讓你填寫答案。如果你想用比較傳統的方式，我們可以郵寄兩套預先列印的問卷給你。填完問卷後，請收起來，以便未來拿出來檢討。切記，這個人生規劃流程是活的，不斷在改變，你會希望每年都重新回答一次那些問題。

　3. 上 www.thirdwind.com，建立個人檔案，在那裡回答問題，我們會把你的答案安全地儲存起來，讓你未來能拿出來檢討。這樣你就不會搞丟答案，每隔六個月都可以拿出來回顧，或在遇到改變人生的事件時拿出來更新。一旦你上 www.thirdwind.com 註冊，你可以選擇加入我們的線上社群，和其他啟動自我探索之旅的人切磋砥礪。

我很高興你花時間跟我一起踏上這段旅程，你可以透過電子郵件聯絡我：bobby@ignitingyourtruepurpose.com。

譯註
1 美國胡佛總統一九二八年競選總統時，共和黨幫他打的文宣裡承諾 a chicken
in every pot 和 a car in every backyard，意指豐衣足食。

簡介

「成功」

常大笑開懷，滿心暢快；
獲智者敬重，得孩童喜愛；
贏得真摯評論的欣賞，容得虛偽朋友的背叛；
賞物之美，觀人之善；
讓世界變得更好，無論是培育健康的孩子、開闢園地，或改善社會狀況；
知道一個生命因你的存在而活得更加愜意，
那就算成功了。

——愛默生（Ralph Waldo Emerson）

第一幕終

我焦急地坐在辦公室裡，等著我辛苦工作一輩子所企盼的電話。終

於，電話響了，是財務長打來的，他打來確認我幫忙創立的公司剛剛上市了。我握有許多股權，現在總算稱得上有錢了（至少帳面上是如此），多年來的辛苦打拚終於有了回報，但是此刻我覺得內心深處似乎缺了什麼。如果我那麼成功了，為什麼我沒有更快樂？

我開車返回不遠的住家，內心悵然若失，接著我突然頓悟，想到在這之前，我對成功的定義都是以自己為核心，一切都是為了俗氣的「我」。

我從以前就一直覺得愛默生為「成功」下了很有意義的註解，尤其套用在當今的動盪時代更是貼切。他對成功的動人描述直搗我心，我必須學習了解，真正的成功永遠需要關懷他人。成功的真正意義不只是住美寓華庭，開名車超跑，或是擁有令人歆羨的收入。

兩三年前，我和多數的美國人一樣，對這種狹隘的成功定義感到心虛。我是所謂的「成功」全球行銷高管，開 BMW 的敞篷車，住在美好的濱海華宅裡。我知道自己似乎欠缺了什麼，根據愛默生對成功的定義，我並不是很成功。我雖然賺了不少錢，卻沒創造多少意義，我顯然把鴻圖大展和美好人生搞混了。總之，我只在意績效有多好，多快達到；我還沒學到真正的成功不只是獲得你想要的，也要感恩你所得的。

《破折號》（Dash）的作者琳達·艾莉絲（Linda Ellis）說過，我們的墓碑上會有兩個日期：生日及卒日，中間就是我們在這世上如何過一生及發揮影響力的時間。我退後一步了解更廣義的成功以後，對人生有

了一番新的體悟，我覺得光是在墓碑上刻下「羅伯‧傅立德長眠於此，他賣了很多東西」是不夠的，我需要把改善人生／工作的平衡變成使命，把人生變成最卓越的志業。了解這點以後，我開始變成人生的創業家。

但是，我要如何達到愛默生描述的那種成功呢？我思索這個問題時，開始發現我用在財星五百大企業及新創公司上的行銷原則，也可以應用到人生上。簡言之，任何優良行銷計畫的基本原則都可以套用在人生中，創造出更平衡、充實、有意義的人生。指引企業朝正確方向發展的商業藍圖，也可以用來指引我們。有太多人把最好的自己奉獻給工作，卻從來沒想過把這些精雕細琢的技巧充分應用在自己的生涯上。因此，我覺得我們應該把生涯大計當成企業的行銷計畫來規劃，我稱這個人生／工作流程為「人生行銷計畫」。

人生就像事業，偶爾需要盤點。我們每半年會開車去檢查一次，或是雇用園藝師定期來公司照顧草木，但很多人卻放任人生發展，毫不關注，對此我一直感到相當訝異。同樣令人驚訝的是，很多情侶可能為了婚禮和喜宴籌劃了一年，卻不太規劃他們要共度的餘生，這也難怪如今的離婚率會那麼高。

本書的前提非常簡單：如果我們規劃人生時，投注的時間、精力和專注力跟規劃事業生涯一樣多，我們可以過更平衡、有目的、有意義的人生。這一切聽起來都很簡單，但實踐起來不是那麼容易。那不是一蹴可

幾的事，而是一個流程，但是只要你堅持下去，人生／工作的規劃流程
會幫你啟動真正的目的和熱情。

以職業生涯界定自己

　　成功和財富成就向來是美國生活模式的一大組成，但如今我們比以前
更需要退一步思考，長久以來我們對成功的定義是否太狹隘了。即便是
在現今的商業圈裡，我也必須學習：事業的重點不光是追求獲利而已，
更要堅守真正的價值。多年來，我們為了事業而賣命打拚，那一向是實
現美國夢的方式，我們需要學歷和過人的技巧才能出人頭地，飛黃騰達，
有時甚至為達目的，不惜一切代價。當我們高興地跨過眼前層層高升的
專業門檻時，也難怪很多人只會以職業生涯來界定個人成就。

　　你的職業代表你做什麼，但不見得就代表你是誰。你的核心是什麼？
本質是什麼？當你褪去光鮮亮麗的包裝時，你只是理財顧問？職業婦
女？臨床心理醫生？教師？消防員？作家？行銷高管嗎？很多人對職業
標籤很執著，頂著那標籤而活，但是那也是絆腳石：當你只頂著職業標
籤而活時，你無疑是為自己設了限，限縮了你真正成功的方式。擁有出
色的職業生涯只是成功的一項標準而已。

　　行銷計畫流程裡的商業面，有部分是源自哈佛商學院、我昔日在摩托

羅拉的恩師，以及我自己從磨練中累積的經驗（例如哪些作法在現實中可行，哪些不可行）。這流程已經成功套用在摩托羅拉、Quasar 電子、馬蘭士音響（Marantz）、洛拉（Laura Ashley）、艾迪鮑爾眼鏡（Eddie Bauer Eyewear）、露華濃（Revlon）、比比眼鏡（bebe eyewear）、美樂家（Nicole Miller）、鸚鵡螺礦業公司（Nautilus），以及矽谷的新創企業上。

　幫這些公司打造品牌的系統化流程，也可以幫你打造個人品牌。以下綱要列出這個人生／工作規劃流程的運作方式，後續的章節將逐一說明每一點。

十二點商業與人生規劃的概要

行銷報告	個人再造
1. 定義你所在的事業	1. 找出自己是誰及想成為什麼
2. 評估市場	2. 善用你的優點
3. 找出目標客群	3. 找出真實自我
4. 推出策略	4. 找到利基點放膽冒險
5. 度過產品週期	5. 每個階段都重塑自我
6. 打造品牌	6. 打造個人品牌
7. 拓展範圍	7. 留下典範
8. 打造影響深遠的廣告活動	8. 重新喚醒內在創意
9. 規劃配銷	9. 善用時間與精力
10. 達到銷售目標	10. 走出去實現個人目標
11. 分析損益	11. 盤點個人損益
12. 建立機會目標	12. 實現夢想

不怕慢，就怕站。

——中國俗諺

生活／工作計畫的好處

現在是展開這趟興奮之旅的時候了，這是一趟勇敢的旅程，自我發現的旅程。我不是只來湊湊熱鬧而已，而是要陪你走完全程。我們不需要找到所有答案，探險或旅程本身就是答案的一部分。

當我們一起讀完這本書時，你已經準備好獨自規劃與啟動你的人生計畫，不過這裡要提醒你一點：這計畫是活的，不該放在書架上蒙灰，或是擱在你智慧型手機的記憶體深處。它就像商業的行銷計畫一樣，需要至少每半年檢討一次。人生就像市場，不斷在改變，所以需要至少半年檢討一次計畫，以確定計畫仍呼應你人生的真實目的或志業。

沒人說人生很容易，有時人生走起來相當辛苦，但我們往往是在辛苦中找到人生的真義。滾石樂團的首席吉他手基思·理查茲（Keith Richards）被問道，身為活生生的傳奇是什麼感覺，他回應：「傳奇的部分簡單，難就難在活著。」

Point 1

定義你所在的事業

找出自己是誰
及想成為什麼

1

人生的意義在於有意義的人生。

—羅勃．本恩（Robert Byrne）

++++

找尋人生或事業的真正目的或志業，可說是再重要不過了。

行銷計畫流程的第一步，是定義你所在的事業。回答這個問題可以逼公司清楚闡述他們在做什麼及存在的理由，那也是公司日後賴以發展的扎實基礎。

這個看似重要的問題，我們不該輕易低估其重要性。例如，如果賓州鐵路公司（Pennsylvania Railroad）知道他們是運輸業，而不僅是鐵路業，也許今天他們仍在營運。一九○○年代初期死守馬夫業務的傢伙，在福特第一台 T 型車問世時也很可憐。你想想，凱文．克萊（Calvin Klein）是在什麼產業？他自己說：「我不設計衣服，我設計的是夢想。」麥當勞不是真的在漢堡業，它主要是在房地產事業。

迪士尼收購 ESPN 時，很多股市分析師大感意外，他們早該知道迪士尼那項收購是很自然地拓展他們既有的事業—亦即家庭娛樂業。還有什麼比體育賽事更適合闔家同樂的呢？你也知道 ESPN 不是只會公布賽事成績而已，他們是以有趣的娛樂方式播報體育活動。其他公司也清楚定

義或重新定義了自己，例如谷歌不再只是搜尋業的巨擘，而是跨入媒體業。蘋果自然地進入消費性電子產業，IBM 是在資訊科技業，我想這樣說你就了解了。

早年我爲備受推崇的馬蘭士音響公司提供諮詢服務時，需要爲公司定義他們所在的事業。當時馬蘭士音響亟欲恢復往日的榮光與獲利，爲此我們規劃了行銷計畫。經過幾週的研究與分析後，我定義馬蘭士音響應該是在「好音色的事業」裡。簡言之，我主張，如果產品沒有提供好音色，公司就不應製造該產品。當我向聰明但暴躁的七十歲執行長提出此看法時，他無法接受，馬上不耐地質問：「你是說你花了四週的時間，只寫出這些我早就知道的東西？」雖然他也同意「好音色」的確是馬蘭士所在的事業，但他覺得我的主張毫無想像力，尤其他又付了我大筆的顧問費，幫他重振這個一度卓越的品牌。

當時我年輕氣盛，馬上回他：「公司裡有四大事業部門，但只有一個和好音色有關，這又是哪門子的想像力？」我強烈建議公司出售另外三個和好音色完全無關的事業，把那些錢挹注到核心的好音色事業中。老闆一聽，露出了充滿活力的微笑，認同我的論點。後來，公司出脫了其他事業部門，我們成功讓公司恢復了往日榮景。

之後，我到一家頗有前景的小公司擔任行銷長，那家公司是配銷眼鏡鏡框給全美的眼科醫生。我剛加入公司時，問了一個問題：「我們是屬

於哪個事業?」大家的答案讓我嚇了一跳,這家小公司的管理高層認爲,他們是在銷售「裝上矯正鏡片的醫療器材」。別忘了,他們賣的是眼鏡鏡框。後來我們淘汰了醫學術語,把公司從「醫療器材」事業重新定義爲「時尚配件」事業。當時,鏡框看起來都大同小異,要不是走書卷味的風格,就是走中性風格。當我們定義公司其實是在時尚配件業時,我們賦予了每個鏡框獨特鮮明的個性,以鎖定幾個行銷的利基市場。我們授權給洛拉品牌,打進女性化的利基市場;授權給艾迪鮑爾品牌,取得戶外活動的市場;授權給比比眼鏡,成爲自信的代名詞;授權給美樂家,成爲紐約時尚設計師的專屬品牌。重新定義事業以後,公司的業績大幅飆漲,爲光學業重新定調,讓他們以時尚導向自居,不再是醫學導向。

不斷地重新定義

激勵大師吉格 · 金克拉(Zig Ziglar)說過一個凱迪拉克汽車業務員的故事,他在阿肯色州的小岩城賣出的汽車數量打破紀錄,因爲他是採用跟同事迥異的方式來定義他的事業。暱稱「凱迪拉克小傑」的他,不只把自己視爲業務員,也是「交通專家」。所以他提供顧客許多符合那定義的服務,以下是一些交通服務的例子:

- 顧客的車子需要送修時,他去顧客的住家或上班地點取車。

- 提供顧客免費的拖車服務。
- 顧客萬一無法開鎖或搞丟了車鑰匙，他會提供一套新的鑰匙。
- 免費幫顧客充沒電的電瓶。
- 幫顧客更新汽車登記。

凱迪拉克小傑的驚人業績不僅來自老客戶的再度光臨，也來自口耳相傳及顧客推薦。他是真的對自己所在的事業瞭若指掌。

就連享負盛名的包裹快遞公司 UPS 也重新定義了他們的事業。他們把公司的定位從滿足顧客的國內包裹遞送需求，改變成同步全球商務。基本上，UPS 現在是在做分秒必爭的全球遞送事業。

重新定義事業後，UPS 大幅成長，從幾年前在美國的二十七州營運，變成在全球的兩百多國營運。截至本書撰寫之際，UPS 的營業額已從十億美元大幅膨脹至三百億美元，目前仍在成長。UPS 的執行長艾斯谷（Eskew）表示：「對我們來說，全球化是令人興奮的全新事業，我們每天都面臨前所未見的挑戰：飛往新地點，因應不同的政府，開闢國與國之間的新貿易。」

不是只有大公司或超級業務員才需要重新定義事業。我的朋友迪米崔是世界一流的廚師，也是相當好客的餐廳老闆。當他的餐廳生意不像以前那麼熱絡時，他把事業重新定義得更廣，從只做餐廳生意變成涵蓋整

個餐旅業。他和一家豪華的養老中心合作，提供院友美味營養的膳食，溫馨舒適的居住環境，充滿創意的閒暇娛樂及旅遊活動。如此一來，迪米崔不僅拓展了事業版圖，也提升了人生目標，「我喜歡看到，我幫客人做他們在意的事情時，他們臉上露出的微笑。」他說，「那可能只是在廚房關火已久後，幫他們榨杯蘋果汁或手做餅乾之類的小事。」

　　別忘了，雖然迪米崔擴大了事業的定義，但他仍留在核心競爭力的範圍內，亦即他最擅長的領域裡──提供美食及親切的接待服務。

找出自己是誰及想成為什麼

人生在世，重點不是我們身處何地，而是我們邁向何方。
—美國詩人奧利弗‧溫德爾‧霍姆斯（Oliver Wendell Holmes）

就像在事業裡一樣，我們也需要自己定義或重新定義我們是誰，更重要的是，我們真的想成為什麼。我們往往會發現，真實的自己和夢想的自己之間有落差，這世上可能有一些會計師夢想成為世界頂尖的廚師，很多服務生夢想成為百老匯的明星，有些律師可能不想在法律界執業，有些行政助理想成為劇作家。我們需要了解自己是誰，也要了解自己的夢想。

定義自我

我們都需要定義或重新定義人生的真正目的或真義。如果甘地繼續當律師，從未解放印度，那會是什麼樣子？如果邱吉爾決定當個全職藝術家，而不是解救歐洲脫離希特勒的暴行，那會是什麼樣子？如果貓王決定繼續開卡車，不成為搖滾之王，那會怎樣？如果已經競選失利五次的林肯就此放棄他的從政夢想，決定不競選美國總統，那會怎樣？如果金

恩博士沒有夢想呢？如果歐巴馬總統不相信改變的力量呢？

　　這些人的人生都有目的，他們定義了目的以後，便起身實踐。我們都需要知道自己的真正目的是什麼。朵娜・馬可娃（Dawna Markova）在發人深省的著作《死而無憾》（*I Will Not Die an Unlived Life*）中探索目的：「目的是讓人串起那個圓、完成那首歌、搔動那癢處、銜接那落差的動力，那是每個人都有的自然能量，驅動我們成長。」馬可娃鼓勵我們自問以下幾個重要問題，來探索人生的目的：

- 什麼事情我尚未體驗？
- 什麼東西我尚未施予？
- 什麼事物我尚未學習？
- 什麼傷痛我尚未療癒？

以下是我認為我們應該自問的額外問題：

- 我現在走的路是否指引我邁向人生的真正目的？
- 我正在做我真正想做的事情嗎？
- 我知道我真的想做什麼嗎？（這是令人意外的陷阱題。）

別指望你的腦中馬上閃過答案，探索人生目的是個過程，本書將協助你展開這個探索的旅程。

過有意義的人生

就像公司需要有使命或目的一樣，我們個人也需要找出自己存在的理由。我們需要找出人生的真實目的，有目的就會產生意義。目的幫我們發現對我們最重要的是什麼，為下面的問題提供答案：「為什麼我在這裡？我的使命是什麼，或人生的真正志業是什麼？我的主題曲是什麼？為什麼我會來到這世間？」

華理克（Rick Warren）在暢銷書《標竿人生》（*The Purpose-Driven Life*）裡更進一步地探索目的：「少了目的，人生就變成毫無意義的動作，毫無方向的活動，毫無道理的事件。少了目的，人生就變得微不足道、瑣碎低微、了無生趣。最慘的悲劇不是死亡，而是毫無目的的人生。」

偶爾，遇到寫作瓶頸的時候，我會回到撰寫本書的初衷：激勵與鼓勵大家追求對自己最重要的事。我說服自己，我不只是在寫書而已，我是在幫大家鎖定目標，完成夢想和願望。這樣做或許也可以幫我自己完成人生的旅程。當然，我不只是想要賣更多的東西而已，我開始了解到真正的成功遠遠超越自我，我開始釐清個人的真正目標，能如此清楚地了

解個人的方向，感覺真好。

　　本恩的話一語道盡了核心：「人生的意義在於有意義的人生。」

　　但是，我們該如何發現人生的目的呢？如何過有意義的人生呢？這些是我們上路追尋最重要的東西時，需要跟自己做的勇敢對話。

　　坡・布朗森（Po Bronson）在暢銷書《這輩子，你該做什麼？》（*What Should I Do With My Life?*）裡提到，每個人都有真正的目的，只是需要努力找出來，因為我們不見得都會突然頓悟。「目的不會像命運一樣，已經完整打包好等著你，」他寫道，「我們只會聽到悄悄的低語，感受到一股莫名的衝動，目的就是那樣開始的。」

　　你開始思考自己的真正目的時，就已經踏上探索的旅程了。當然，目的是存在我們心靈的深處，要哄它出來並非易事，需要下很大的工夫。

　　作家朱莉・喬丹・絲科特（Julie Jordan Scott）指出，想了解你如何定義目的，有一種方式是先釐清「什麼不是你的目的」。她寫道：「目的不是腦袋放空著生活，不是躲在義務的面紗之後。有意義的生活有明確的焦點，是發自內心深處的衷心回應，呼應你心中最高的志業，堅守真實的自我。」

　　當你的人生有目的時，本質上你是在定義真實的你——亦即你一直想變成的那個人。有了目標讓你確切鎖定對你最重要的事物，你對於自己選擇要做及不要做的事情會變得非常講究。

如果我們無法定義人生的真正目的或志業，就很難找到人生的方向。不過，一旦找到以後，我們就很清楚自己要前往何方及原因了。

在真實故事改編的電影《心靈投手》（*The Rookie*）裡，有一幕非常鼓舞人心。丹尼斯‧奎德（Dennis Quaid）飾演一位四十歲的棒球投手，二十年前曾試圖躋身大聯盟，但失敗了，如今仍不放棄夢想。為了再度嘗試，他需要放棄教職，那也對家裡的經濟狀況產生了很大的衝擊。他去找父親指點迷津，父親告訴他：「在你找出天賦以前，放手做你覺得該做的事情沒有關係。」結果他在四十歲那年，以新手之姿擠進了大聯盟。

> 人生的目的在於忠於自我。
>
> ——坡‧布朗森

顯然，定義真實目的不是一蹴可幾的過程，前面提過，那需要下很大的工夫。我們大都對於自己為何會在這個世上一無所知，事實上，心理學家威廉‧莫頓（William Morton）做過一項研究，詢問三千位受訪者：「我為了什麼而活？」高達94%的受訪者表示，他們的人生沒有明確的目標。果真如此的話，我來告訴你什麼是「不快樂」吧：不快樂就是不知道自己想要什麼，為了找出答案而把自己逼到絕境。切記，如果你不知道自己的目標在哪裡，選哪條路都行。卡爾‧桑德堡（Carl

Sandburg）曾寫道：「我是理想主義者，我不知道我要走到哪裡，但我正在路上。」

你如何知道自己的天賦是什麼呢？以下是一個練習，是我從辛希雅‧科西（Cynthia Kersey）的勵志書《擋不住》（*Unstoppable*）獲得的啓發。那張表格無法給你所有的答案，但可以刺激你思考人生的目的。

為了幫你起個頭，我先放上我自己的答案。

定義我的目的（羅伯‧傅立德的答案）

什麼激發我的熱情？	我能怎樣幫助他人？	我人生的真正目的是什麼？	為了達到真正的目的，我該採取什麼行動？
指導他人充分發揮潛力。	鼓勵及激勵大家了解他們個人與事業上的目標。	創立公司，提供激勵人心的書籍、研討會、產品和服務，幫大家達成目標，實現夢想與願望。	創立三風公司，提供書籍、線上課程、研討會、產品、服務，致力於幫助大家發掘專業目標及個人夢想。

現在換你探索真正的志業或存在的理由了，這是從定義你真正的目的開始。如果你無法馬上想出來，別慌！這只是個過程，等你讀完這本書以後，目的會更加鮮明，不過，我希望你現在就開始思考，之後再繞回來確定你人生在世的目的。

界定你的目的（你的答案）

．．．

什麼激發我的熱情？

我能怎樣幫助他人？

我人生的真正目的是什麼？

為了達到真正的目的，我該採取什麼行動？

　　我最喜歡這個練習的地方，是它避免你浪費時間在跟你的志業毫無相關的活動上。人生苦短，你應該追求對你最重要的事物。杜克大學的籃球總教練邁克‧沙舍夫斯基（Mike Krzyzewski）就是知道什麼最重要的最佳範例。他決定放棄洛杉磯湖人隊提供的高薪總教練職位，留在杜克大學指導大學生籃球、人生和領導力。當他婉拒那份令人稱羨的工作時，他把目的和快樂置於金錢與光環之前，他表示：「有時為了快樂，你需要傾聽內心的呼喚，追隨心之所欲。」總之，沙舍夫斯基不只傳授

這理念，更身體力行。

　　作家布朗森更進一步指出：「人生的目的在於忠於自我，做真實的自己，別忽視更遠大的目的。」

激發熱情

　　目的召喚我們不屈不撓的精神，指引我們邁向正確的方向；熱情提供我們動力，讓我們持續朝真正的志業邁進。熱情就像指示燈，一旦點亮，可以幫我們克服人生沿途的坑洞與阻礙。熱情則是讓我們一早起床，啟動世界的能量。但丁曾說過：「星火燎原。」

　　熱情可以啟動人心。經典著作《小王子》的作者聖修伯里曾說：「真正用心才能看清事物。」巴爾札克（Honoré de Balzac）更是一語道盡熱情：「熱情是普世人性，少了熱情，宗教、歷史、浪漫、藝術皆是徒然。」

　　蓋伊‧川崎（Guy Kawasaki）在他發人省思的著作《迷人》（Enchantment）裡，鼓勵大家追求熱情，並把熱情投射到外界。他主張我們應該把熱情視為首要之務，而不是擱在一邊。他建議：「告訴世界你熱愛烹飪、曲棍球、NASCAR賽車或針織，無論是什麼都行，因為追求熱情會讓你變得更有趣，有趣就很迷人。」

當你真的對自己做的事情充滿熱情，時間似乎過得飛快，你不會一直盯著時鐘，不介意多做幾個小時，因為熱情就能提供你持久的能量。當你熱中某個事物時，工作和玩樂之間的分界通常會開始模糊起來。

　　知名釀酒師蓋瑞·皮索尼（Gary Pisoni）就是在工作與玩樂之間達到熱情平衡的典範。許多葡萄酒愛好者暱稱皮索尼是「黑皮諾之王」，他創立知名的皮索尼葡萄園，讓聖盧西亞高地（Santa Lucia Highlands，位於加州中部海岸）一躍成為知名的葡萄酒產地。皮索尼的個性熱情，全身上下洋溢著活力，有人說他古怪，但沒人質疑他釀造全世界最棒黑皮諾的熱情。他不會老是強調他有多愛葡萄酒，他的格言是：「如果你喜歡，就繼續喝；不喜歡，就停下來。最棒的一杯酒，永遠都是你手中那杯。」

　　皮索尼不僅對他做的事情充滿熱情，他投入熱中的事情時也興致盎然。不過，你可別誤會了，他對自己的釀酒事業相當認真（他和兩個兒子馬克〔Mark〕和傑夫〔Jeff〕一起經營），他喜歡說：「葡萄酒是上帝在葡萄園裡釀製的……我只是細心守護土地的守衛。」

　　皮索尼的夢想是釀造頂級的黑皮諾，對此他非常投入，堅持了九年，才在原住民的協助下，從家族放牧的土地上探尋到足夠的水源，以栽種頂級的葡萄。記者馬克·安德森（Mark C. Anderson）造訪皮索尼的葡萄園以後，在報導中描述了皮索尼的熱情，他寫道：「皮索尼以傳教士

的熱情，宣傳他對美酒的喜愛，雖然耶穌可能把水變成酒，皮索尼是從原本沒水的地方變出酒來。」

皮索尼對黑皮諾的熱情毫無極限，他相信葡萄酒常帶我們回到某個非常時期的特殊地方，好酒令人想起跟摯愛在一起的難忘體驗、某個特別的人物、親朋好友。如果我們都能有皮索尼那樣無盡的活力與熱情，那有多麼美好。

讓你所愛，成你所為。

——魯米（Rumi）

邁克‧辛格（Michael Singer）在他發人深省的著作《起飛》（*The Untethered Soul*）中頌揚熱情的美好：「真正賦予人生意義的，是充實過生活的意願，不是某個特定事件，而是去體驗事件的意願。」有時候重點不在於你做什麼，而是你有多熱情地投入其中。

我想提醒一點，你先天擅長某件事，並不表示你對它就有熱情。我認識一位年輕的教區神父，他剛好也是優秀的搖滾歌手，但是那不表示他就應該放棄真正的志業，加入搖滾樂團。

熱中某事和沉迷某事有很大的差異，熱中是提供可掌控的正面能量，沉迷則是負面、難以掌控的。我可能很愛吃義大利千層麵，但是那不表

示我需要每週吃五次。我可能很愛葡萄酒，但我不需要變成酒鬼。至於職業生涯方面，我確實很愛我的工作，但我還是努力維持工作／生活的平衡。

總之，定義你的真正志業及人生的真正目的並非易事。事實上，那是很難的任務。不過，辛苦正是你踏上豐富旅程的重要跡象，那表示你已經朝發現目的邁進了。

我們只有在追求真正的人生目的及熱情時，才算是真的成功。說到真正的目的和熱情，你要注意心之所欲，發現什麼對你來說真的很重要。當你達到甜蜜點時，活力和生產力都會飆升到你意想不到的境界。當你聆聽內心的召喚時，你也會快樂許多。切記，成功不是快樂的關鍵，快樂才是開啟成功大門的鑰匙。如果你對人生充滿熱情，熱愛你做的事，就會找到愛默生歌頌的「真正成功」。

以下是幫你發掘與激發熱情的一些思考點：

● **知道自己最擅長什麼**。你需要誠實面對自己，甚至需要稍微吹噓一下，你在哪方面做得跟多數人一樣好，或比多數人好？可能是烤蘋果派、熱舞、做吸引人的商業簡報、服務社群、關懷他人、熱情的情人。李小龍曾經如此完美地詮釋：「愛情如同友情著了火！」

● **回想喜悅**。想想你人生中滿心開懷的時刻，那是什麼情況？什麼環

境？什麼特殊事件讓你產生共鳴？是嬰兒誕生嗎？獲得期待已久的升遷嗎？通過考試嗎？你最愛的球隊贏得冠軍嗎？（想想二○○四年波士頓紅襪隊等了八十六年，終於贏得世界杯冠軍的情況）。你在花園裡照顧玫瑰的時候嗎？

● **找出時間飛逝的時候**。什麼事情讓你每次都做到忘了時間？是看電影或讀好書？寫作？畫畫？有意義的專案？做焗烤茄子？陪孩子玩耍或教孩子做功課？想想你何時忘了看時鐘，你可能很投入那件事。

● **回想兒時的夢想**。還記得你小時候充滿好奇嗎？你以前夢想什麼？你夢想成為舞者嗎？小說家？名廚？好父母？發明家？創業家？有時候回想過去有助於邁向未來，點燃內在的熱情。

● **縮減熱情清單**。列出你的熱情清單，接著鎖定其中一兩項讓你燃起興趣、增添活力的事物。你可以使用評分系統：一分代表最高，五分代表最低。切記，熱情不適合擱著，你應該騰出時間，努力追求。

美國對運動的熱情

我和很多人一樣，非常熱愛體育運動。我之所以那麼投入，是因為運動在很多方面跟人生很像。你想想，比賽是北對南，東對西，地主隊對客隊，通常是以小敵大（弱隊對抗強隊）。運動不像有腳本的電影、莎

士比亞的戲劇或你讀過的書，我們無法預知結果，尤其團隊競賽時特別刺激。邁可・曼德鮑（Michael Mandelbaum）在見解獨到的著作《運動的意義》（*The Meaning of Sports*）裡指出：「運動就像最古老的文學形式——史詩。例如史詩中最卓越的《奧德賽》，有主角面對一連串的挑戰，必須一一克服挑戰才能達到最終的目標（在運動裡，主角就是球隊）。」運動比賽非常在意分數，那些統計數字可以拿來比較球員或球隊之間的表現，這種比較往往會引起大家爭論哪隊或哪位球員表現最佳。

「運動」（sport）意指轉移自我，讓人把心思抽離混亂的時代，推崇我們迫切需要的英雄，尤其是在這個動盪的時代。

我雖然不是整天癱坐在電視前的懶骨頭，但是觀賞比賽把我的心思拉回到無憂無慮的年少時光。以前我也是運動員，現在打球或觀看比賽幫我維持競爭力、體力和精神。總之，運動點燃我的熱情。

本書的每一章接近尾聲時，我會提出七個秘訣（或思考點），幫你針對那一章的關鍵要素或相關重點採取行動。我的目標是要讓你直接鎖定每章的精華。

找出真正目的的七個秘訣

1. **定義什麼對你最重要。**列出讓你有更好的理由起床，並以期待與興奮的心情征服每一天的人物、理念、活動、商業興趣和夢想。

2. **定義你對美好世界的遠景。**寫下你覺得最能服務他人的理念或有意義的活動，例如環保、政治，關心孩童肥胖問題、關心遊民困境、關心虐童事件或癌症治療。你關心的事可以像「改善特殊教育」那麼重要，也可以像「讓人發笑」那麼簡單，總之就是你的遠景，你要去追求。

3. **用心看得更清楚。**接觸那些點燃你熱情的東西、理念或活動。精進你擅長的事物，那些帶給你無限樂趣、讓你忘了時間飛逝的東西。

4. **消去法。**有時候用消去法，淘汰顯然跟你的目標和熱情不符的東西比較容易。很多人被困在跟自己的志業或熱情不符的事物中。例如，我們窩在角落的辦公間裡，心想：「我是怎麼來這裡的？」了解你不想變成什麼樣子，朝著你想要的人生邁進。

5. **列出你的「崇拜」清單。**寫下你崇拜的名人或非名人，以及你崇拜他們的理由。你可能因為歐普拉善於激勵人心而崇拜她，或是因為勞勃·瑞福（Robert Redford）以日舞基金會（Sundance Foundation）鼓勵創意而崇拜他。你可能因為父母或家族成員對你幼時的啟發，以及灌輸

你現在的核心價值觀而崇拜他們。當你了解你崇拜他人的原因時，可以直接引導你往自己的目標邁進。

6. **留意心之所欲**。列出你爲了實現志業，需要採取的短期行動和長期行動。你可能想要重新思考你目前的工作，你可能想要創業或加入一家比較符合你的目的和熱情的公司。重點是採取行動，留意內心的召喚。

7. **獲利之外也要創造意義**。人生的一大挑戰，是在獲利之外也創造意義，那平衡很難拿捏，但很值得你花心思讓你的目的與荷包相互呼應。

++++　**本章摘要**

整個行銷計畫流程的第一步，是定義你所在的事業。回答這個問題，可以逼公司講清楚他們究竟是在做什麼以及存在的理由。這是爲公司確立策略方向的第一步。

我們個人就像事業一樣，需要定義我們存在的理由，必須了解眞實自我和夢想自我之間的差距，並縮短那落差。總之，我們需要探索眞正的志業或人生的目的。找出人生的眞正目的並非易事，那是個流程，我們需要和自己做一些勇敢的對話：爲什麼我在這世上？怎麼做可以讓我的人生更有意義？

定義目的可以幫你把焦點放在對你眞正重要的東西上。有了目的通常會點燃我們的熱情，熱情會提供我們能量，讓我們朝眞正的志業邁進。記住本恩的話：「人生的意義在於有意義的人生。」

┌─────────────────┐
　　　反思時間
└─────────────────┘

我現在走的路，正引導我走向人生眞正的目的嗎？

注意：

本書最後有每章的練習單元，那裡有一些和啓動事業與人生有關的問題，充滿挑戰性，讓人獲益匪淺。你先把整本書看完，回答那些問題會容易很多。切記，你的答案不是無法改變的。就個人來說，那些答案可能因爲你生活中出現某些事件而改變，例如結婚、生子、轉業、搬家、離婚、失去親人等等。因此，你應該每半年檢討一次答案，以確定你的答案呼應你眞正的目的和熱情。

本書最後的「練習」單元有三種彈性使用的方式：

1. 在你的筆記本上回答那些問題，把答案收在抽屜或檔案櫃裡，未來再拿出來檢討。我建議你別把答案寫在書上，這樣才可以和親朋好友分享這些問題，又不至於影響他們作答。

2. 上 www.thirdwind.com 網站，我們會以電子郵件寄一份表格給你。如果你喜歡傳統的方式，我們也可以郵寄兩份印好的問卷給你。把填完的問卷收在未來可以輕易拿出來檢討的地方。切記，這個人生規劃流程是活的，不斷在改變。你會希望每年都重新回答一次問題。

3. 上 www.thirdwind.com，建立個人檔案，你可以在那裡回答問題，我們會把你的答案安全地儲存起來，讓你未來能拿出來檢討。這樣你就不會搞丟答案，每六個月可以回顧計畫，或是遇到改變人生的事件時，可以拿出來更新。

　　一旦你上 www.thirdwind.com 註冊，你可以選擇加入我們的線上社群，和其他朝著事業目標及個人夢想邁進的人切磋砥礪。

Point 2

評 估 市 場

善用你的優點

做你擅長的事，而非你先天不適合的事。

──愛默生

　　在人生中，個人計畫的「市場」部分，主要是在磨練優點及管理缺點。在商業上，行銷計畫的「市場」部分，則是在評估公司的優劣勢及了解競爭對手的優劣勢。

　　本章帶你了解你人生的市場概況，讓你開始尋找行銷利基（你個人的優缺點）。成功的企業是使用行銷計畫的這個部分，來找出競爭對手，研究多種交易通路，以及衡量產業的活力。

　　以下就是一例：一九九五年，李維牛仔褲（Levi Strauss）發表一份研究，聲稱到了二○○○年，有 80% 的美國白領勞工可以選擇每天穿休閒服飾上班。李維旗下的 Dockers 品牌把握這個休閒風潮，利用李維的優勢（休閒服飾、牛仔布），創造出適合辦公室穿著的休閒裝（例如隨處可見的卡其褲）。Dockers 迎合了辦公休閒服飾的暴增需求，很快就變成人人都愛的休閒服飾。

　　不過，牛仔褲仍是李維的核心優勢。一開始，李維這個品牌擁有其他牛仔褲品牌永遠也無法享有的特質──歷史傳承，以及專利保護的銅鉚

釘（用來強化牛仔布）。李維從一八七三年創立至今，但近年來牛仔褲事業開始走下坡。他們擅長銷售現成的牛仔褲，主打中價位，但牛仔褲的市場已經改變，現在最熱賣的牛仔褲是價位較高的修身版，市場流行的是較新的品牌，例如 True Religion、Lucky、Seven。李維把牛仔褲當成一般商品販售，但如今牛仔褲儼然已成為一種時尚宣言。在節節敗退下，李維決定改造旗下的女性牛仔褲系列，深入研究從全球各地收集的六萬份女性身體掃描圖，研發新的女性曲線系列，為各種身型的女性量身打造修身牛仔褲。李維藉由了解不斷改變的市場趨勢，延續了他們引以為傲的歷史傳承，鞏固了美國經典品牌的地位。

靠關鍵優勢打造品牌

另一個深入研究市場，並善用優勢來對付競爭對手劣勢的例子是百威啤酒（Budweiser）。百威是釀造業的巨擘，光是美國境內就有十二家釀酒廠。它也有龐大的批發網絡，使用溫控倉庫、嚴格的品管標準，以最低的庫存來配銷全美銷售最快的啤酒品牌。一九九〇年代，小型的獨立釀酒廠如雨後春筍般湧現，百威在市場上面臨激烈競爭。小釀酒廠以手工釀造技術及在地的獨特風味為號召。百威的母公司安海斯─布希（Anheuser-Busch）在全球各地都有釀酒廠，還有龐大的配銷系統。

由於百威的規模龐大，有人可能認為百威在口味上無法和小型的釀造廠或其他啤酒品牌競爭，但百威可以靠新鮮度跟每家業者競爭，它善用其關鍵優勢—眾多釀造點及綿密的配銷網絡—創造出「出廠日」這個特色。許多啤酒上都印有保存期限，那只能顯示啤酒何時過期。百威在每個瓶子上標註了出廠日，以證明產品的新鮮度。啤酒的新鮮度真的很重要，百威努力向顧客傳達這個訊息，引起顧客的廣泛回響，百威淡啤（Bud Light）因此成為美國最暢銷的啤酒。

很多公司也是靠找出核心競爭力及善用優勢，在市場上蓬勃發展。例如，蘋果以簡單好用又創新的設計著稱，因此培養了忠實的客群；亞馬遜的優勢在於線上一站購足；西南航空提供平價服務，準時飛往許多目的地；諾斯壯百貨（Nordstrom）以傳奇的顧客服務著稱；聯邦快遞的優勢是準時遞送及容易追蹤；奧迪（Audi）的優勢是性能和設計兼顧；DirecTV 以提供大量直播衛星頻道自豪。這些公司善於凸顯自己的優勢，因此成為全球最受推崇的企業。

善用你的優點

定義優點

個人就像企業一樣，需要把焦點放在自己的優點和特質上。

什麼是優點？《韋氏大學字典》為「優點」做出以下定義：強大或寶貴的特質。但是，如果你只把一餐煮好，你不見得就是卓越的廚師。如果你打了一記很棒的反手拍過網，但無法持續打出那樣的佳績，你就不算卓越的網球選手。所以我們來重新定義優點吧，當你可以經常展現某個強大的特質時，那才是優點。優點是可以把事情一再地做好，而且充滿熱情與喜悅。

根據這個擴充版的定義，什麼是你一貫擅長的東西？什麼事物讓你投入十足的熱情，滿心歡喜？你有什麼強大、寶貴的資產？你經常展現哪些特質？當你找出自己的優點，把它們應用在工作上時，你成功及享受人生的機會就會大幅提升。

我的朋友安德魯熱愛戶外活動，他非常喜愛釣魚、徒步旅行，攀登世界各地最壯麗的山峰。他對環保一向非常熱中，覺得環保是一種對人類的關懷，這些理念促使他創立生態旅遊公司。

他提供的旅程不只是介紹大自然之美，也注意環境保育。他不僅善用

自己熱愛的主題，也善用自己的優點，因此開闢了一個市場利基點，為往後的世世代代改變現況。

簡言之，優點是讓你覺得強大、充滿活力的活動。定義明確的優點提供你情感上的力量，讓你充滿活力，運用核心競爭力完成大事。當你真的「了解自己的優點」並充分利用時，那會給你一種特別的感覺，覺得你之所以站在生命的舞台上，不只是為了成就自己而已。請注意，優點不見得是你擅長的事情，我可能在高中是很優秀的摔跤手，但我不見得就想當職業摔跤手，被打到耳朵變形。我可能喜歡週末在家為朋友烹煮一桌的好菜，但我不見得就想辭職開餐廳，每天花十六小時備料和烹飪。

所以，你如何判斷什麼是真的優點，什麼只不過是你擅長的事物呢？暢銷作家及發掘優點專家湯姆・雷斯（Tom Rath）提出重要的徵兆（S.I.G.N.S），幫我們找出真正的優點：

- 成功（Successful）：你非常有信心，沒人做得比你好。
- 本能（Instinctive）：你覺得徹底投入，感覺自己朝正確的方向邁進。
- 成長（Growing）：你非常喜歡做那件事，極其渴望追求更多的知識，以便做得更好。
- 需求（Needs）：你的「情感需求」及「獲得肯定的需求」都得到滿足。當你珍愛的人看到你發揮真正的優點時，都為你感到高興。

這些徵兆就像你鴻運當頭、運用天分、做擅長事物的「感覺」，其實跟你做什麼事情沒多大關聯，最重要的是你做那件事是什麼感覺。以我自己來說，當我站在講台上或寫書來激勵別人充分發揮潛力時，向來是我最愉快、感覺最強大的時候。某次我去一所名校演講，最後問答時間快結束時，觀眾提出一個問題讓我愣了一下。發問的是一位身型非常嬌小的研究生，她問道：「礙於身高的限制，如果我想成為激勵演講者，您覺得我該談什麼主題呢？」

我停頓了片刻，但是那片刻感覺持續了很久，之後我回應：「我覺得妳應該激勵大家放膽思考（think big）！」我臨場的機靈反應贏得了觀眾的熱烈掌聲，但是對我來說，唯一重要的反應是提問者對我的回答有什麼看法。當她笑著說：「太好了！」我鬆了一口氣，也很有成就感。最近我聽說，那位研究生畢業後在演說界表現得很不錯，她談的主題就是「放膽思考！」

> 人生渾渾噩噩，無異是行屍走肉。
>
> ——蘇格拉底

自我檢視

想要發揮優點，需要先誠實地自我分析。基本上，我們需要自我檢視。

我們需要啓動個人的「情勢分析」，就像老子說的：「自知者明。」
基本上，這裡所講的就是盤問與盤點自己。你真正的優點是什麼？缺點
是什麼？你的優點和你的熱情及人生目標相互呼應嗎？切記，知道自己
的缺點所在，也是一種優勢。但是了解自己的優點，是更大的優勢。在
後面的練習單元中，你會有機會進一步磨練自己的優點，更善加利用。

哈佛大學的教授賴瑞·史密斯（Larry Smith）一語道盡了這個內省
的過程：「我覺得每個人都有自己的甜蜜點，那是你想做的事，讓你自
豪的事，但是找到那個甜蜜點需要自知，我把這個流程想成『個人發展
的自我審問』，你隨時都在構思你的心智模式。」

很多人花太多時間擔心自己的缺點，卻沒花足夠的時間善用優點。
當我們發揮優點，而非老是想著缺點時，成就愈多。總之，我們應該
把焦點放在正面，而非負面上，不該老是想著自己的缺點，應該多探
詢、精進、琢磨我們的優點。可惜，有時候我們的工作無法讓我們發揮
優點。事實上，馬克斯·巴金漢（Marcus Buckingham）和唐諾·克
里夫頓（Donald Clifton）在《發現我的天才》（*Now, Discover Your
Strengths*）裡提到，多數公司並未善用員工的優點，那情況普遍到令人
訝異。他們在書中引用蓋洛普的民調結果：蓋洛普對一百七十萬人進行
民調，詢問受訪者是否有機會在職場上做自己擅長的事，結果只有 20%
的受訪者回答有。不僅如此，巴金漢和克里夫頓也指出，員工的年資愈

長，位階愈高，愈不可能用到他們真正的優點。

擁有與生俱來的天賦又能善加運用者最快樂。

——歌德

　　我們不能忽略缺點，但我們應該管理缺點，好讓我們有時間繼續做我們最擅長的事。傳奇的美式足球教練文斯‧隆巴迪（Vince Lombardi）在指導世界盃冠軍綠灣包裝工隊時，就是採用「發揮優點」的策略。隆巴迪的球員完全相信他的「靠優點領先」策略，他是這樣說的：「各位，我要你們知道，只要我們努力攔阻、進攻，執行我們戰術的基本重點，任何球隊都阻止不了我們，即使他們事先知道我們的戰術也辦不到。」在隆巴迪教練的指導下，這支幹勁十足的球隊連贏了五次 NFL 冠軍及前兩次的超級盃冠軍。

　　切記，在列出你的優缺點時，不要只看工作或專業。例如，如果你是一個很好的母親或父親，就把它列為優點。如果你很會打高爾夫球或網球，就把它寫下來。為了幫你思考，試想，如果你摯愛的人或尊敬的人看到你在做擅長的事，你覺得你是在做什麼？是在做行銷簡報呢？當老師？烹煮美味佳餚？相反的，他們看到你表現最差時，你是在做什麼？也許你是在算數字，或煮大餐。可惜，很多人卡在自己毫無熱情的事情

裡。你應該發揮優點，擁抱熱情，傾聽心之所欲，追隨真心所望，邁向號角響起的地方！

　　作家喬‧羅賓森（Joe Robinson）在《別做老闆的奴隸》（*Work To Live*）中建議我們做一張名片，那張名片要超越你的工作、專業或職稱。他鼓勵大家帶一張和個人優點比較有關的名片，例如萬事通張三、美食達人李四、故事達人王五。你的新名片是什麼樣子？

互補能力

　　每個人都有獨特的天賦和優點，個人成長的最大可能就是培養這些優點，而不是修補缺點。以我為例，我的優點是幫公司的策略和方向定調或重新定調，我擅長指引公司往正確的方向發展，比較不善於執行計畫的特定細節。不過，我有個合作夥伴，他很擅長執行計畫的所有面向。我的夥伴和我有「相輔相成的能力」。每家卓越的企業，每個良好的關係，似乎在能力上都有那樣的平衡。一人的優點彌補了另一人的缺點。

　　事實上，很多關係都是因為互補而相互吸引。善於聆聽的害羞者可能和外向的人在一起比較自在，外向的人可能在群體中比在一對一的情況下自在。大家通常覺得這種人格特質的差異是正面的，互補的。不過，彼此之間有類似的核心價值觀顯然很重要。

我在美軍擔任少尉時，我想讓我帶的那一排軍人達到最佳體能狀況，那時我幾乎到了狂熱的境界。在健身方面，我對士兵的要求非常嚴苛，我要求他們進入食堂前，至少先去拉三次單槓。當時我還年輕，不了解達不到那標準的人，可能正好是部隊裡唯一能看地圖幫大家占領山頭或其他重要戰略位置的人。軍旅生涯教會我，團隊裡需要有互補能力才能獲勝。

孤掌難鳴

幾年後我去面試時，更加了解到互補能力的重要。讓我來分享這個故事吧，當我還在摩托羅拉擔任年輕稚氣的初階管理者時，有人找我去一家成長的電信公司，面試高階的行銷職位。其實我不是很想要那份工作，但我想知道我在競爭激烈的面試過程中表現如何。

面試結束後，對方告訴我，我在競爭中是明顯的領先者，只需要考過公司的標準考試就行了。考試的第一部分是語言理解力，占總分的90%，對方說我的成績很好。

考試的最後一部分占總分的10%，那是考手部的靈巧度，每位準員工都需要應考。我腦中閃過的第一個念頭是，線務員爬上電線杆，完成多種危險的任務，那不是我擅長的事。監考人員把二十五片拼圖攤放在桌

上，他還沒叫我拼組以前，我看了一下那些分散的拼圖，告訴他那份拼圖完成後，是一位女士推著嬰兒車，走在巴黎香榭麗舍的林蔭大道上。那位監考人聽了很訝異，於是他把另一份拼圖（也是二十五片）攤放在桌上，要求我再猜一次。我看了一下那些散落的拼圖，說：「這份拼圖完成時，是一名足球選手在得分區的遠端接到達陣傳球，看台上的球迷激動地歡呼。」

那位監考人決定找幾位同事進來，見證我在拼圖尚未完成前就猜出圖案的能力，結果我就出糗了。其中一位要求我親手拼出我猜對圖案的拼圖，但我拼不出來。事實上，我連拼一部分都拼不出來，即使我可以清楚看出最終的圖案。這故事給我們什麼啟示呢？很簡單，孤掌難鳴。有遠見的人通常需要別人的互補能力，幫他們把要件拼組起來，才能實現目標。成功往往需要團隊合作和互補的能力。順道一提，那家電信公司還是錄取我了，他們說他們不可能派我去爬電線杆，但我自己不太喜歡高風險的工作，決定繼續留在摩托羅拉。

遇到那樣的面試，另一點要謹記的是⋯⋯一進到面試的房間，眼睛就馬上搜尋拼圖盒子的封面！

真正的優點

如果你想充分利用自己的優點，你的優點必須是眞實的。你必須有根本的天賦，作爲那優點的基礎。例如，你可能覺得自己是優異的金融家，但你需要技巧及金融方面的天分，否則你只是在自欺欺人。超級球星德懷特・霍華德（Dwight Howard）在籃球場上有很多天賦，可惜罰球投籃不是其一，他平均的投中率只比 50% 高一點。他可以一再練習，但是在充分掌握技巧之前，罰球投籃都不是他的專長。

所以，別欺騙自己了，一定要發揮你眞正的優點，而不是那些只能做做樣子、但沒有實力的優點。

> 一個人不該否認他明顯的能力，因為那是在逃避責任。
> —— 美國作家威廉・費德（William Feather）

別迴避你的優點

信不信由你，有些人明明有天分，卻放著不用。有時候是因爲我們不知道自己有哪些天分或特質，有時候是因爲我們害怕看到自己的優點和他人相比的結果。

我大學的室友保羅是很優秀的醫學預科生，個性害羞。美國幾家最頂尖的醫學院都錄取他了，包括哈佛、康乃爾、耶魯、史丹佛大學。同一天，他申請時拿來「墊底」、以免完全落空的佛蒙特大學也錄取他了。我把保羅拉到校園附近的酒吧慶祝一番，我舉起啤酒敬保羅：「這杯恭喜你上哈佛！」但保羅說，他已經決定去念佛蒙特大學的醫學院，我大吃一驚。那當然也是好學校，但名氣肯定不如其他錄取他的學校。我問保羅為什麼做那樣的選擇，他回應：「我很習慣佛蒙特州的環境，而且我也不想要面對常春藤盟校的競爭文化。」

我故意做出招他脖子的動作，對他說：「你一定要去哈佛，哈佛需要你這樣的人才！如果你不喜歡那裡的環境，你應該去改變它。」幸好，保羅重新考慮後，決定去哈佛就讀了。後來保羅變成優秀的小兒科醫生，佛蒙特大學錯失了人才，哈佛大學撿到了人才。

富蘭克林曾經提出以下的忠告：「別隱藏天賦，天賦是拿來用的，日晷擺在陰暗處能如何？」

管控缺點

我們稍微來談一下缺點。前面提過，很多人會老是想著自己的缺點，缺點是需要管控的。首先，我們先來定義缺點，《韋氏大學字典》為「缺

點」下的定義是「不好、有缺陷的特質或特徵」。

　　從小我的數學就不好，不管再怎麼努力，就是搞不懂和數字有關的東西，至於代數、公式、幾何等等就更不用說了。不過，憑著過人的記憶力（優點），我的數學成績還是過關了，但是那無法掩飾我的確有某方面的弱點需要解決。我的前輩唐諾直接告訴我，日後我可能無法當會計師或財務長之類的，但他認爲我需要更了解金錢運作的方式，尤其我又快踏入商業界了。所以，唐諾帶我去參加一系列的投資研討會，讓我對金錢運作的機制以及如何趁早投資理財，開始感興趣。他教我債券和股市，以及如何長期投資獲利。總之，唐諾教我如何賺錢，讓我有本錢請人來幫我打理數字！

　　面對缺點，有幾種因應方式：

　　1. 以教育來彌補缺點。上課，讀書，諮詢專家，受訓，別因爲缺乏知識而讓你屈居劣勢。

　　2. 找個有互補能力的夥伴來彌補你的缺點。最好的合作夥伴通常是彼此互補的，如果我擅長行銷，但不擅長財務，理想的夥伴是精通數字的人。

　　3. 不理會缺點，繼續強化優點。何必爲了你欠缺資質、技巧或天分的事情而折騰自己呢？

你的優點可能是你的缺點

有時候你的優點可能是你的缺點，例如，我和一些非常好勝的人共事過，大體上我覺得好勝是個優點，但是太好強時，有些時候也會變成缺點。

我們公司舉辦年度野餐時，也辦了一場壘球賽，每一隊都是由各年齡層的員工組成。事實上，我們這隊的捕手是一位六十四歲的女士，她已經有五個孫子了。後來一位非常好勝的二十五歲年輕人說，這位祖母一直霸占本壘板，竟然把她推倒。他得分了，但她被救護車送往醫院。那傢伙的好勝心顯然已經失控，他的最大優點（好勝）也變成他最大的缺點。

只要一不小心，你甚至可能為了聖誕節這種美事而好勝起來。關於這方面，我想分享一個我自己的故事。某次去義大利出差時，我受邀到一棟位於山頂、俯瞰杜林的華麗別墅，參加聖誕派對。抵達派對以後，我看到一個仿十六世紀義大利村莊的迷你模型，裡面是栩栩如生的耶穌誕生場景。那村莊模型看似電動玩具火車的那種村莊，只不過古老許多，顯然也沒有火車。義大利人稱這種村莊模型為「耶誕馬槽」（presepio），裡面有小陶像，展現十六世紀的日常生活，例如牧羊、烤麵包、攪動奶油、灌臘腸、打馬蹄鐵等等。那些小陶像是在義大利知名的阿瑪菲海岸（Amalfi Coast）手工製作的，每年只在十二月八日至聖誕夜之間，在街角及店家內販售。

對義大利的家族來說，耶誕馬槽是美好的聖誕傳統，代代相傳。在很多家庭裡，耶誕馬槽遠比聖誕樹還來得重要。當地人告訴我，完成栩栩如生的十六世紀村落模型，通常需要好幾年。一位身材細瘦的義大利女士注意到我對那夢幻的聖誕展示很感興趣，當時她已經有點酒醉，以挖苦的口吻、帶著濃濃的義大利腔提醒我，耶誕馬槽是獨特的義大利傳統，美國人是不可能複製得來的。她大聲嚷嚷：「那可不是隨便包個義大利餃。」我對聖誕裝飾向來很感興趣，但是那位女士的口吻讓我開始感到不耐煩。

我告訴她：「我不想為了聖誕節爭什麼，但明年的聖誕節以前，我會自己打造一個栩栩如生的耶誕馬槽。」她反嗆我做不到，還說要跟我打賭，賭我無法完成。她說，明年聖誕節她會到加州度假，順便去拿她贏得的賭金。我們快轉到隔年的十月，那時我決心開始打造耶誕馬槽，不幸的是，我唯一認識的工藝家是一位製作非洲面具的女士，我想送她去義大利觀摩學習，但她太忙了，無法成行。所以我們只能依賴書本、圖書館的相片，以及我自己的鮮明記憶來打造。那年代還沒有 Google 和維基百科，你需要自己做研究或是跑圖書館查詢資料。幾次嘗試失敗後，那位擅長製作面具的女士終於打造出一個驚人的村莊模型，就像我之前在義大利看到的耶誕馬槽那樣真實。但是，現在我只有一座美麗但空盪的十六世紀村莊，我完全忘了小陶像只有在聖誕期間才在義大利的街頭販售。我決定打電話給義大利的商業夥伴，請他用聯邦快遞寄二十四個

小陶像到我家。

　　那位半信半疑的義大利女士一如承諾，在聖誕節前幾天來到洛杉磯，想收取賭金。我和我的設計師其實很期待她的來訪，她抵達時，看了一眼我們在美國打造的耶誕馬槽，大聲嚷嚷：「作弊！你們顯然是花大錢請義大利工藝師打造的。」我自豪地向她介紹我那位原本做面具的朋友，她從未去過義大利。那位義大利女士露出不敢置信的表情，我永遠也忘不了美國工藝師臉上的驕傲與成就感。

　　後來，我又利用出差之便，為那個古雅的義大利村莊增添了三百多個小陶偶，現在那個耶誕馬槽變成了我們的家族傳統，也是我慶祝聖誕節真實氣氛（雖然有點好勝）的方式。

從缺點中找尋優點

　　有時候是反過來，你明顯的缺點可能變成優點。

　　一名男孩決定學柔道，儘管他在一場可怕的車禍中喪失了左臂，他還是開始跟著一位年長的日本柔道大師學習。但是上了三個月的課程後，大師只教男孩一個柔道動作。「我是不是該學更多動作了？」男孩問大師。

　　「你只會學到這個動作，不過你也只需要懂這個動作就夠了。」大師回應。

幾個月後，大師帶男孩去參加第一場柔道比賽。令人驚訝的是，男孩輕易贏得三場比賽，晉級到決賽。然而，他在冠軍賽時，碰到一位比他更壯、更強大、更快速的對手。事實上，那男孩看起來根本不是他的對手。裁判擔心男孩受傷，正要停止比賽。大師堅持：「不，讓他繼續。」比賽繼續進行，男孩的對手犯了一個嚴重的錯誤──他放下警覺心。男孩馬上運用大師教他的那個動作，把對手制伏在地，結果獨臂男孩贏得了柔道比賽的冠軍。

比賽完後回家的路上，男孩問大師，為什麼他只靠一個動作就能贏得比賽。「你贏有兩個原因。」大師說，「第一，你幾乎熟悉了柔道中最困難的摔法。第二，對手若要防禦那一招，唯一的方法是抓住你的左臂。」

在這個例子中，男孩的弱點正好成了他的優勢，因為他沒老是想著自己失去的左手，他讓自己的弱點變成了優點。同樣的，我們知道海倫·凱勒失明，但是她比多數人更能「看」清楚很多東西。貝多芬雖然聾了，但他能「聽」到其他人聽不見的東西，譜出史上最動人的古典音樂。

傳達你的優點

經濟動盪和高失業率迫使很多人首次離開就業市場。找出與清楚傳達你的個人優點，是在工作面試中獲得錄取的關鍵之一。當你清楚傳達你

的個人特質和長處時，也提升了你在錄取名單上的順位。面試者或人力銀行最常提出的問題之一是：「說說你的優點吧。」諾薩爾人力資源公司（Nosal Partners）的資深合夥人唐·帕克（Don Parker）表示，多數面試者想找出以下的優點：

- **信心**：以自信、清晰、簡潔的方式表達概念、產品與策略的能力。
- **領導**：激勵他人朝目標邁進的能力。
- **誠信**：信守承諾，說到做到。
- **卓越的溝通技巧**：清楚溝通的能力，口頭與書面溝通皆優。
- **解決問題的專業**：因應挑戰與危機的能力。
- **展現成長**：顯示你過去如何把缺點變成優點。

別讓任何人說服你放棄你最擅長的事

別讓任何人（尤其是家人）阻止你發揮優點，說服你放棄最擅長的事。每次有機會，我都會盡量鼓勵別人精進優點，以實現目標、夢想和願望。

約翰是一位非常優秀的律師，某天他要求我去找他的弟弟史考特。史考特是受過古典音樂訓練的鋼琴家，從知名的茱莉亞音樂學院畢業。他是優秀的音樂家，但常入不敷出。他在豪華的比佛利山莊飯店裡彈鋼琴，但是那工作並不足以支應他的家庭開支。事實上，約翰是請我去說服他

弟弟放棄音樂，學他讀法學院。我去找史考特談時，我們談到他的長處，包括他對音樂的熱情與樂趣，後來我發現他還有另一個長處：他有很棒的組織技巧。

我鼓勵史考特把音樂熱情和組織技巧結合在一起，規劃社群音樂節，提升大家對古典音樂的認識和欣賞。如今，他很熱中規劃古典音樂節，靠他最擅長的事──做他最熱愛的事情──賺了不少錢。這裡要強調的重點是：不要讓別人說服你放棄熱情，尤其是家人。記得傾聽心之所欲，發揮優點，邁向號角響起的地方！如此一來，你真正快樂的機率才會大幅提升。

> 人生的任務在於判斷你有什麼天賦，接著決定如何運用那天賦。
> ──人生導師瑞秋‧狄絲本內特─李（Rachelle Disbennett-Lee）

追求卓越

實現目標、夢想與願望的最佳方式之一，就是不要老想著你的缺點，你應該多琢磨你的優點、正向特質與成就。當你老是想著缺點或自己做不好的事情時，你也侷限了自己的潛力。我們都有卓越的潛力，等待我們去發揮。

人生的一大美好就是了解與重視自己的天賦與特質，然後把它套用在他人身上。人生導師狄絲本內特—李表示：「你可能想把天賦變成專業，或是把天賦拿來做義工或當成嗜好。運用天賦來豐富自己和他人的人生是無價的。」我再次強調，發揮你的優點，邁向號角響起的地方！

鎖定優點的七個秘訣

1. **列出清單，重複檢查**。清楚定義你的優點。切記，優點是指你能夠以熱情與喜悅一再做好的事情。

2. **盤點自己**。自我檢視，確定你的優點呼應你的工作、熱情、人生的真正目的。

3. **強調正面**。發揮優點，不要老是想著缺點。一直掛念你做不好的事情，只會限制你的潛力。

4. **尋找專長**。把焦點放在你表現最好的時刻，記住你當時在做什麼及當時的感覺。要切合實際，你擅長某件事，不見得就表示你應該以那件事謀生。

5. **用進廢退**。天賦和技巧一定要充分利用，別害怕和優點類似的人相比。

6. **別卡住自己**。很多人卡在不適合的工作或職位上浪費人生。你應該

運用優點和技巧追求卓越。

　　7. 檢討過去以邁向未來。有時候為了往前邁進，你需要回顧過往。回顧童年往往可以找到自己的優點。你小時候喜歡做什麼？你喜歡用手指在冰箱上塗鴉嗎？你喜歡唱歌或講故事嗎？你在學校哪一科的成績一向是優等？

++++ **本章摘要**

　　在企業中，行銷計畫的「市場」單元，是用來找出市場趨勢並採取行動，以便尋找公司的利基。此外，「市場」單元裡也會找出公司的競爭優勢與劣勢。

　　個人和企業一樣，也需要做一些自我分析及整體評估。我們應該檢討個人狀況，界定自己的優缺點。不過，我們的重點應該是放在善用優點及控管缺點上。當我們擴大優勢，不瞎湊東西來掩飾缺點時，就能表現出色，所以你應該了解與重視自己的優勢，並往優勢發展。

反思時間

　　想想你要如何善用優點及管控缺點才是最好。

discovering

the authentic you

Point 3

找出目標客群
找出真實自我

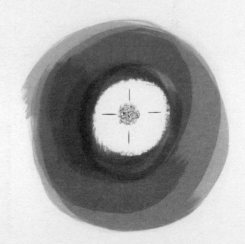

3

做回你自己，永不嫌遲。

　　　　　　　　　——喬治・艾略特（George Eliot）

++++

　　在人生中，這個部分主要是在找尋眞實自我……亦即最核心的你。

　　在商業界，眞實的公司會先找出目標客群，再鎖定他們，想辦法接觸他們，以便提供顧客眞正想要與需要的產品和服務。

　　很多公司是根據傳統的人口統計特質（性別、年齡、收入、學歷）來定義目標客群。這類研究可以幫公司縮小焦點，鎖定對公司的產品或服務來說獲利最好的客群。

　　但是，眞正有效的目標客群檔案還包括心理特質，亦即數字以外的心理狀況。例如，某人可能實際年齡是三十五歲，但想法像五十歲。某個家庭可能年收是五萬美元，但花錢的方式好像年收十五萬美元。想想男士的古龍水，那顯然是針對男士設計的產品，但是購買者通常是女性（爲她生命中的男人購買）。在構思行銷策略時，男士古龍水的製造商不僅考慮最終用戶（可能是男性），也鎖定購買者（通常是女性）。

　　福特的野馬汽車（Mustang）就是跳脫傳統人口統計資料的好例子。一九六四年野馬剛上市時，福特的李・艾科卡（Lee Iacocca）把它定位

成送給年輕人的畢業禮，酷炫又實惠。但實際上，老爸常把自己的老爺車鑰匙交給兒子，自己開著酷炫的野馬到處跑，覺得自己年輕了二十五歲！就像古龍水的例子一樣，福特的行銷主管事後發現，他們的目標客群其實不只一個。公司在找尋目標客群時，必須更深入尋找，探索顧客的心理，找出數字之外的真實意義。

　　結合傳統的人口統計和心理特質，是構思目標客群的最佳方式，那也可以指引產品研發、傳播、廣告、銷售，以及行銷計畫其他要素的方向。少了明確的目標客群特質，公司可能浪費心力與資源，為不適合的對象開發產品及規劃訊息。公司努力拓展品牌的範圍時必須注意，避免偏離目標客群太遠。目標客群愈廣，可以納入的人愈多，但是內容可能太過籠統，導致所有顧客都質疑那訊息的真實性。公司必須非常小心地定義真正的顧客，當公司想把品牌擴充到最初的核心客群之外時，需要知道何時該「適可而止」。

真實是關鍵

　　在步調飛快的數位媒體世界裡，消費者會迅速轉向他們覺得真實的品牌。單純供應商品和服務已經不夠了，如今的消費者是受到真實、目的導向的產品所吸引，例如環保產品、有機食物、可應付戶外嚴酷考驗的

功能性服飾。大衛・路易士（David Lewis）和大衛・布里吉（David Bridges）在《消費者的靈魂》（*The Soul of the Consumer*）裡主張，已開發國家從「貧乏轉向富足，又從富足轉向眞實」。事實上，我覺得「眞實」和「品質」都是最重要的行銷標準。

比爾・葛林（Bill Green）在《快速企業》（*Fast Company*）雜誌上暢談眞實的品牌，他在文中強調眞實的品牌具備四大要素，我摘要如下：

● **地方感**：法國的香檳產區讓唐培里儂香檳王（Dom Perignon）別具特殊聲望，這也是法國香檳遠比其他發泡白酒昂貴的原因之一。同樣的，山謬亞當斯啤酒（Samuel Adams）產於波士頓，讓它具有愛國革命的吸引力。

● **純粹熱情**：蘋果已故的執行長賈伯斯、亞馬遜的傑夫・貝佐斯（Jeff Bezos）、維珍（Virgin）的理查・布蘭森（Richard Branson）對他們每天做的事情充滿熱情。他們用腦也用心領導，他們對產品與服務的豐沛熱情也感染了顧客，讓顧客擁有參與感，並與領導者及品牌產生連結。

● **目的**：如今的消費者需要相信，公司除了賺錢以外，還有其他目的。他們想找賺錢之外也努力創造意義的眞誠公司。自然小徑（Nature's Path）、馴鹿咖啡（Caribou Coffee）、天食超市（Whole Foods）、里昂比恩（LL Bean）、緬因湯姆（Tom's of Maine）、班傑利（Ben and Jerry's）等公司和顧客產生共鳴，因為他們除了獲利以外，還有使命感。

● **誠信**：現代（Hyundai）之類的汽車公司提供相當於終身保固的服務，諾斯壯百提供包退包換的服務。這些公司都是以行動證明宣傳，說到做到。

不過，有時難以判斷什麼是真實，什麼是虛偽。麥當勞從創立以來，一直提供大眾高熱量的漢堡和薯條，這也難怪即使他們現在推出新的健康菜單，大家仍然有點懷疑。當高樂氏（Clorox）以 Green Works 品牌進軍環保市場，並獲得高山環保會（Sierra Club）的背書時，也是引起一些人的懷疑。他們願意承認 Green Works 品牌以外的其他產品都不環保嗎？

不過，提姆‧馬內斯（Tim Manners）在《快速企業》撰寫〈巴塔哥尼亞價值觀〉（Patagonia Values）一文時提到，真實原則還是有一些例外。馬內斯指出：「有些品牌在某些情況下，的確可能接納和他們既有形象相左的價值觀，並成功出擊。」他舉巴塔哥尼亞為例，來說明真實原則的例外。巴塔哥尼亞已經脫離長久以來建立的登山運動淵源，把一半的生產轉入水上運動產品。懷疑者對此感到疑惑，但巴塔哥尼亞的成功，是以這個看似逆向操作的真實思考為基礎。巴塔哥尼亞的創辦人

伊凡‧修納德（Yvon Chouinard）宣稱：「我們進入衝浪市場，是因為以後不會再下雪了，海浪會愈來愈大。」本質上，巴塔哥尼亞是根據地球暖化的假設，來重新定位行銷策略，它的前提相當真實，因為那是來自創辦人的環保初衷。修納德領導公司冒險投入他真正相信的理念，沒什麼事情比那樣做更真實、更可信的了。

艾迪鮑爾（Eddie Bauer）長久以來為休閒生活型態推出戶外風格的服飾，熟悉該品牌的人會以「如果穿了去做戶外運動會死，那可能不是艾迪鮑爾」之類的妙語，來區分艾迪鮑爾和 The North Face 之類裝備導向的品牌。艾迪鮑爾設計的服飾，不像其他競爭對手是專為極限運動設計，但他們證明他們和戶外生活型態有合理的關聯，是真實的戶外服飾品牌。事實上，與公司同名的創辦人艾迪‧鮑爾一九二○年在西雅圖開設戶外體育用品店，他是戶外運動的熱愛者，某次探險時差點凍死，那次經驗啟發他設計出獨特的羽絨衣，後來申請了專利。

多年後，該公司仍保留和戶外活動的傳統關聯，每次偏離品牌的真實根源太遠時，常因此付出代價。一九九○年代末期，艾迪鮑爾淡化品牌比較克難的戶外根源，把自己定位成跟 Banana Republic、J. Crew 之類的休閒服飾零售商競爭，結果業績下滑，申請破產保護，最後由金門資本公司（Golden Gate Capital）收購，迅速將艾迪鮑爾回歸登山的根源。總之，艾迪鮑爾現在的焦點不再是色彩繽紛的 T 恤，而是重新掌握冰凍

苔原的根源。此外，他們也招募了一群知名的登山客，爲曠野的嚴酷情境設計 First Accent 系列的褲子、背包和產品，更增添了品牌的戶外地位。艾迪鮑爾的新系列商品強調，他們的產品兼具功能與性能的傳統，顯然忠實顧客都很高興看到他們回歸眞實的根源。

保時捷是另一家非常強調眞實性的公司，在公司創立之初，創辦人斐迪南・保時捷（Ferdinand Porsche）找不到他夢想的汽車，所以他抱著兼顧設計與高性能的理念，自己打造一台。了解汽車能做到的極限，是塑造保時捷車主神秘感的要素。保時捷的車主大都知道，他們永遠不會把車子開到效能與時速的極限，但是了解保時捷的極限對車主來說，是開車的一大樂趣。驚人的是，據保時捷估計，出廠的所有保時捷汽車中，有 70% 如今仍在路上跑。

優秀的公司也很清楚，接觸目標客群時，產品與行銷訊息的眞實很重要。有一家公司甚至以產品名稱來反映其眞實性。威嚴運動服飾（Majestic Athletic）是一家授權販售美國職棒大聯盟（MLB）及美國職籃（NBA）運動衣及相關商品的供應商，他們推出一個新產品線，名叫「MLB 正宗收藏」（MLB Authentic Collection），那系列服飾和三十支職棒大聯盟球隊在場上的穿著一模一樣，包括棒球外套、球衣、制服、棒球衫、外衣、套頭衫、T 恤、刷毛衣等等。對長期忍受廉價及仿冒球帽和球衣的棒球迷來說，這套正宗收藏是可喜的新選擇。威嚴運

動服飾顯然很了解，球迷很渴望和最愛的球員穿戴同樣的球衣與球帽。他們把那系列產品命名為「正宗」，就是對顧客的強大承諾，結果正宗收藏系列創下了破紀錄的銷售與成長。

簡約之美

可口可樂是全球最知名的品牌之一，但是在一九五○年代，對手百事可樂開始搶占這家碳酸飲料霸主的市場。百事可樂是利用較低的價格及青春的廣告活動來搶市，但是任何方法都沒有口味議題來得有效。在百事可樂和可口可樂舉辦的盲測中，消費者一致偏好百事可樂的口味，因為百事可樂基本上比較甜。初次嘗試時，大家覺得以啜飲的方式來品味的話，百事可樂喝起來比較順口。可口可樂上市九十幾年來，從未改過配方，但是市調結果讓可口可樂也開始考慮不曾想過的議題：改變口味。他們做了口味測試，找焦點團體來訪談，結果似乎都支持改變口味。如今回顧起來，他們問了顧客所有書上提過的問題，就是沒問他們真正該問的：「如果我們拿走傳統口味的可口可樂，給你新口味的可樂，你會接受嗎？」

如今在多數的行銷教科書裡，已經可以找到這個問題的答案。消費者以言語和行動清楚表示，他們想要原始配方，所以可口可樂換新口味

七十七天後，又恢復供應經典可口可樂（Classic Coke）。可口可樂了解到消費者在市場上的力量，學到顧客對經典配方的喜愛是超越口味的，他們顯然也愛品牌的真實性。可口可樂為了擴大市場吸引力而修改配方後，目標客群的反應是馬上排斥新產品。可口可樂回歸比較單純的原始配方後，又再度成為「真實的東西」。如今，可口可樂記取慘痛的教訓，學到「簡約往往更豐富」的道理，更懂得善用品牌的單純、歷史傳承和「經典」特質。

找出真實自我

我們征服的不是山岳，而是自己。

─艾德蒙·希拉里爵士（Sir Edmund Hillary）

忠於自我

在個人方面，你想找的目標顧客是真實的你，核心的你，亦即剝除外在一切虛飾後的你。當你聆聽內心的聲音時，那個你會產生共鳴，會從你心坎中冒出來說：「嘿，這感覺實在不太對勁，不是真的我，不是我想要的。」

但是你要如何找到呢？如何開始找尋真實的你？掌握你的真實本質？真實人生最好是從內而外打造，從盤點自我開始。想要發現真實自我，我們需要自問以下幾個勇敢的問題：什麼對我最重要？我需要成為什麼樣的人，才能讓人生更有意義或目的？當你刻畫的人生和對你最重要的事情相互呼應時，你就找到了真實自我。當你做到這點時，就準備好卸下面具，變成你一直想做的真實自我。

忠於自我，有話直說，反正會介意的人不值得你在意，而值得你在意的
人不會介意。

　　　　　　　　　　　　　　　　　──蘇斯博士（Dr. Seuss）

　　當你活得眞實，就是忠於自我，因爲你是過著呼應你人生目的的生
活。眞實是指反省你的價值觀，你的眞實本質，你的核心信念。當你過
眞實的生活時，就不需要跟隔壁鄰居比較，只需要忠於自己，堅守你的
眞實本質。

　　眞實是維持眞正的你，不是外界認定的你。我挑選研究所時，父親希
望我當律師，我差點就爲了尊重我父親而進入法學院，但是我心知肚明，
我頂多只能做個好律師，但是談不上優秀。我覺得我可以在陪審團面前
提出不錯的論點，但是優秀律師必備的一些能力（例如研究眞相及注意
細節），我只能做到差強人意。所以我決定不當律師，那不適合我。

　　想要找出眞實的你，你需要像考古學家一樣，深入心靈探索你是
誰，更重要的是，你「不是」誰。作家德懷特・萊哈博士（Dwight
Reighard）在《找出你的北極星》（*Discovering Your North Star*）裡提
到：「我們假裝成自己不是的人，因此承受極大的壓力，那就像想把氣
球壓入水中一樣，我們可能把它用力壓入水裡一兩次，但是氣球遲早會
冒出來……通常反彈也很大。」

簡化的能力是指排除不必要的，讓必要的自說分明。

——畫家漢斯‧霍夫曼（Hans Hofmann）

簡潔即是豐富

　　為了做到真實，我們也可以簡化生活，別讓生活變得太複雜。切記，雕塑家是從石材中雕除不需要的部分，才創造出美麗的雕像。也許我們應該管理更少的東西，而不是更多。創造更少的選擇，而不是創造出一大堆，反而不知從何下手。當我們把焦點放在自己想成為什麼，而不是想獲得什麼時，也許可以做得更好。

　　已故的喜劇演員和諷刺作家喬治‧卡林（George Carlin）在妻子過世不久後，對於「足夠」的概念以及我們這個時代的矛盾，寫了以下的妙語：

- 「我們這個時代的矛盾是，我們的建築更宏大了，但心眼更小了；高速公路更寬廣了，但觀點更狹隘了；花費更多了，但擁有的東西變少了；買得更多了，但喜歡的變少了。」

- 「我們的房子變大了，但家人變少了；生活更便利了，但時間更少了；學位愈來愈高，但常識愈來愈少；知識變多，但判斷力變少；專家

變多，但問題也多了；醫療更多，但健康更少了。」

- 「我們酒喝得太多，菸抽得太凶，錢花得太快，笑得太少，車開得太猛，脾氣來得太急，熬夜太晚，起床太累，書讀得太少，電視看得太多，禱告太少。」

- 「我們讓擁有的東西加倍了，卻縮減了自己的價值。我們講得太多，愛得太少，恨得太頻繁。我們學會如何謀生，卻沒學會如何生活。我們拉長了壽命，卻沒豐富人生。」

　　過充實人生（有目的的人生）的一個關鍵，是了解何時應該知足。在人生和事業上，我們都看到有時「簡潔即是豐富」（less is more）。威廉·布雷克（William Blake）曾寫道：「人總是在感覺太多時，才知道何謂足夠。」即便是在人際關係中，有時候，更多反而讓人更加落寞。我想不起是哪位歌手了，有首歌是這樣唱的：「我希望獲得更多的你，但現在我更落寞了。」

　　　我們都戴著面具，時間久了，面具已成了我們的一部分。
　　　　——魁北克小說家安德烈·柏瑟姆（André Berthiaume）

掩蓋真實的你

坦白說，當我們在人前展現真實自我時，大多數的人都不是非常老實。事實上，有些人還會戴上面具，假裝成別的樣子。在古希臘與羅馬的劇場中，男人戴著面具，扮演不同的角色，包括女人。「hypocrite」（偽善者）一字來自希臘文的 hypocrites，意指演員，角色扮演者，偽裝或戴著面具。當然，面具有一個定義是：完全或部分遮掩臉部的裝置。有趣的是，就連「person」（人）這個字也是源自希臘字，意指面具或演員扮演的角色。好，所以我講那麼多，是想告訴你什麼？很簡單：每個人都曾經戴過面具，假裝成我們不是的樣子。莎士比亞曾說：「上帝給你一張臉孔，你自己又製造另一張臉孔。」

我年輕時，曾有人告訴我，我以滑稽的面具來掩飾真正的壓力。有時候惡霸是戴著惡人面具來掩飾天生的敏感，有些人戴著可怕的面具來掩飾自己嚇得半死。有些人戴著戰士的面具，但實際上沒有勇氣為自己奮鬥，為自己的信念挺身而出。當我們用面具掩飾自己時，是假裝成別人，過著虛假的生活，對外掩飾你真實的樣貌。霍桑（Nathaniel Hawthorne）在知名小說《紅字》（*The Scarlet Letter*）裡寫道：「沒有人能長時間戴著兩副面具，一副面對自己，另一副面對群眾，到最後還不搞混哪個才是真正的自己。」

《恰當的風險》（*Right Risk*）的作者比爾・崔索（Bill Treasurer）指出，過真實的生活有實質的效益：「展現真實自我的好處是，你不再浪費時間偽裝成別人，更有活力投入人生。過真實人生就是終結累人的虛假遊戲」。整天玩捉迷藏有什麼好處？那不過是浪費精力扮演別人罷了。

> 寧可做自己而遭到討厭，也不要虛假而受到喜愛。
> ——安德烈・紀德（André Gide）

這種「躲貓貓」的面具是撐不久的，我們需要摘下面具，向外界展現真實自我。為了找尋人生的真實意義，我們不該只是呈現美好的一面，而是應該呈現本來的面貌。套用聖經的比喻，不是「我是自有永有的」（I am who I am），而是「我是我該有的樣貌」。高橡顧問公司（Soaring Oaks Consulting）的總裁吉恩・馬集（Gene Mage）進一步指出：「不幸的是，有太多人某天醒來，照著鏡子，已經認不出鏡中人。如果你必須放棄自己才能到達某個境地，也許那是你不該去的地方。」這裡的重點很簡單：你不需要為了實現夢想而放棄真實自我。賈伯斯[2]在史丹佛大學那場經典的畢業演講中曾問道：「如果我們有意追求成功，卻在過程中出賣了自己的靈魂，那有什麼意義？」展現真實自我可以讓你更快

實現夢想，因爲眞實的你和你的人生目的比較一致。

人的主要任務，是讓自己充分發揮潛力。

——艾立克·弗洛姆（Erich Fromm）

重新發現真實自我

　　剛出生時，我們並未戴面具，就像新鮮空氣一樣的清新自然，甚至不需要人工香味，就散發著純然乾淨的清香。菲爾博士（Dr. Phil）告訴我們：「眞實自我就是最核心的你，跟你謀生的方式無關，而是由讓你顯得獨特的一切事物組成的。」

　　眞實就是眞誠地存在，崔索提醒我們：「古往今來，眾所周知的幸福處方就是：做自己。」

做自己，發揮我們最大的才能，是人生唯一的目的。

——羅伯特·路易斯·史蒂文森（Robert Louis Stevenson）

真實的人有哪些特質?

1. **傾聽**。先聆聽他人的觀點,再以自己的想法詮釋。

2. **言行如一**。你不會對不同的人說不同的話。不要變成說一套做一套的人。

3. **謙遜**。我發現當我演講談到著作時,大家對於我和讀者都經歷過同樣的旅程最有共鳴。

4. **真誠**。簡言之,真實的人說到做到,他們會努力做正確的事,即使很難,可能丟臉,也會盡力去做。

除了歐普拉、湯姆·漢克、勞勃·瑞福等等明顯很真實的名人以外,有些名人是我自己相當推崇的真實榜樣。《週一足球夜》(*Monday Night Football*)的前評論員約翰·麥登(John Madden)以大家都能輕易理解的真實方式來評論球賽,所以備受觀眾的推崇。瑞秋·雷(Rachel Ray)教大家如何不花大錢,烹煮出美味佳餚。演員米高·福克斯(Michael J. Fox)讓我想到他是為帕金森氏症積極發聲的行動主義者(他幾年前罹患了該病症)。《每日秀》(*Daily Show*)的知名主持人喬恩·史都華(Jon Stewart)認為,傳統媒體上的多數新聞節目,已經變成嘲諷自己的鬧劇。史都華是死忠的民主黨支持者,但是當民主黨的

總統辜負國人的預期及核心價值時，他也會毫不猶豫地抨擊，史都華因為能以諷刺的口吻，眞切地談論時事，成了美國最具影響力及眞實的人之一。哪些人是你推崇的眞實榜樣？通常我們的家族裡就有這樣的人，我母親就是廣受推崇的人，因爲她說話實在，話語中不時展現眞切的同理心和關懷。

　　不過，從備受推崇的眞實榜樣中跌落谷底也很容易。在二〇〇九年十一月以前，老虎・伍茲可說是天之驕子，是行銷人眼中的完美人選：球場上是高爾夫球冠軍，走出球場又有顧家好男人的形象。耐吉（耐吉）、埃森哲（Accenture）、吉列（Gillette）、AT&T 等贊助商開心地捧著數百萬美元，投資伍茲「完美無瑕的形象」。當伍茲周旋於多位情婦之間的醜聞曝光時，他的世界似乎瞬間崩解了。妻子跟他離婚，有些企業贊助商立刻和他終止合作，避之唯恐不及。沒和他馬上切斷關係的贊助商也減少他的曝光率。他的虛僞面具在全世界面前遭到拆穿，當他再次回到球場時，他已經失去所向無敵的光環，失去世界排名第一的地位。不過，對伍茲來說，好處是他不再需要活在謊言中，他可以摘下面具。伍茲的故事還沒完，別忘了繼續關注！大家都喜歡東山再起的故事，不管是球場上或是球場外，尤其是眞實的故事。

成功不是快樂的關鍵，快樂才是成功的關鍵。

——企業家赫曼‧凱恩（Herman Cain）

快樂與個人充實

　　展現真實自我的一個要件，就是對自己擁有的一切感到滿足。哈麗葉‧魯蘋（Harriet Rubin）在《快速企業》裡撰文指出，USA 是 United States of Anxiety（焦慮合眾國）的縮寫。美國人是全球收入最棒、吃得最好、學歷最高的一群，但我們的離婚率持續攀升，自殺率不斷上揚，專家告訴我們有錢和幸福之間沒有實質關係。事實上，研究一再顯示，儘管美國屬於富國之列，在人民的整體幸福度方面，我們並未領先。二○一○年《富比士》雜誌的調查顯示，美國在全球幸福指數中排名十二，只比土庫曼稍高一些！丹麥、芬蘭、挪威、瑞典等北歐國家都高居幸福排行榜的前幾名，可能的原因是，這些國家的政府有強烈的社會意識，已經大致滿足了國民的基本需求。但是，日常的幸福感也和一個人的社交與心理需求是否獲得滿足有很大的關係。不然，像哥斯大黎加那樣比較窮困的國家，為什麼會高居全球幸福感第六名？

　　在哥斯大黎加，大家非常重視社交互動和社群參與。一般人不管擁有多少錢，通常都是快樂的。幸福專家似乎也認同，一旦基本需求獲得

滿足，額外的收入對幸福感的提升沒有多大的效用。事實上，專門研究幸福的學者馬丁‧塞利格曼博士（Martin Seligman）在經典著作《真實的快樂》（*Authentic Happiness*）中提到，幸福人生有三大要件。第一是歡娛（快樂和健全的人際關係），第二是參與（親朋好友的互動深度），第三是目的（創造超越自己的使命和意義）。這三項要件中，塞利格曼認為參與和目的是幸福及充實人生的最重要條件。

另一個幸福公式比較沒那麼學術性，但是一樣睿智，是由蘇格蘭作家亞歷山大‧查默斯（Alexander Chalmers）提出的：「幸福的三大要件是：有事做、有人愛、有期盼！」總歸一句就是：如果你需要自問：「我幸福嗎？」你可能不幸福。

所以，幸福不是累積或消耗更多東西，而是享受當前擁有的東西，過更充實的生活。幸福不在於追求富貴，而是過充實的生活。

你如何知道何時真的已經足夠了？想想亞歷山大大帝的故事，他在戰場上大勝後，去造訪良師益友第歐根尼（Diogenes），第歐根尼問他未來有何計畫，亞歷山大說等他征服希臘後，他會去征服小亞細亞，接著征服全世界。第歐根尼追問：「然後呢？」亞歷山大說，等他征服全世界以後，他打算放輕鬆，享受人生。第歐根尼回他：「為什麼不幫自己省下一切麻煩，現在就放輕鬆，享受人生呢？」顯然，亞歷山大從未了解那句話的真義，兩年後就過世了，得年三十二歲，據說是因為在戰場

上感染瘧疾。

　　我以前一直以爲，財富一旦達到某個數字，我就可以公開展現眞實自我。但是後來我發現，我像以前的人一樣，財富愈多，反而覺得自己需要賺得愈多，那是個永無止境的循環。即使你身價有好幾百萬美元，你還是會不斷想到：「金錢愈來愈薄。」事實上，TNS 金融服務公司的報告指出，截至二〇一一年的年中，美國淨值超過一百萬美元的家庭有近一千零五十萬個，這裡面有多少家庭覺得他們已經有足夠的錢了？

　　很多人都在金錢跑步機上不斷地跑著，不知何時才能離開。我們賺得愈多，想要愈多。擁有更多還是不夠，除非別人擁有的比你少。南加州大學的經濟歷史學家理查・伊斯特林（Richard Easterlin）形容這種矛盾爲「伊斯特林悖論」，他指出，由於我們根據自己相對於他人的狀況來評判自己，收入增加對我們的自我感覺沒有多大的影響，所以有時候我們賺得愈多，反而愈不快樂。

　　丹・貝克（Dan Baker）博士在著作《快樂之人都知道的事》（*What Happy People Know*）裡談到「足夠」的概念：「在峽谷牧場（Canyon Ranch），我常聽到大家談論追尋——追尋鑽石、飛機、房子、名畫、遊艇——但是我從他們的對話中，眞正聽到的言下之意是，他們在追尋一個大獎，幫他們擺脫從石器時代以來就一直困擾人類的兩個基本求生恐懼：擔心自己擁有的還不夠；擔心自身的不足。」

成功是獲得你想要的，幸福是感恩你所得的。

——喜劇演員大衛‧加德納（Dave Gardner）

　　不過，說到定義眞實的財富，情況可能好轉。作家艾德‧凱勒（Ed Keller）和瓊‧貝利（Jon Berry）談到，目標客群中有一種強大的新領導類型，名叫「影響人物」，這說法爲我們帶來了一絲希望。影響人物共有兩千一百萬人，他們的思想、行爲、生活型態影響美國其他的人。他們的特質包括：受過大學教育，已婚有房，有踏實的工作，閱讀量多，有運動習慣，常當志工。凱勒和貝利在著作《影響者》（*The Influentials: One American in Ten Tells the Other Nine, How to Vote, Where to Eat, and What to Buy*）裡，探討這批影響族群的次文化。這些影響人物面臨的最重要議題包括「什麼最重要？」「我忠於自我嗎？」等等。最不重要的四個議題是：讓人刮目相看、地位、財富、權力。他們不會老是跟鄰居比較，貝利指出：「說到買東西，關鍵標準是什麼有吸引力和有趣，而不是爲了累積標誌及地位象徵。」

　　作家瑪格麗特‧楊（Margaret Young）覺得很多人的人生都過反了，我們想賺更多錢，買更多東西，好讓自己更快樂，但實際上，那過程的運作正好相反。楊認爲：「我們必須先做自己，才能得到我們想要的。」聖修伯里說：「完美之道，在於減而有損，而非添而有盈。」當我們剝

除外在的虛飾，直達根本的基礎（真正的價值觀）時，才算顯露我們真實的本質。

與其在你不想爬的階梯上爬到一半，不如在你想爬的階梯上處於低階。
　　　　　　　　　　　　——電視影集《辦公室瘋雲》（*The Office*）

真實永不嫌遲

　　試想，你是否把自己的夢想擱在一旁，卻在幫別人實現夢想？你是否把未繳的房貸當成理由，遲遲不去做對自己最重要的事？你是否以孩子的安心感當藉口，而荒廢了天賦？你是否戴著面具，偽裝成別人？別再把真實的你擱在一旁，當你展現真實自我時，你才會活起來。

　　榮格學派的分析師納森‧施瓦茨—薩蘭特（Nathan Schwartz-Salant）說：「有些人覺得，如果當初他們選擇另一條路，可能會變得不一樣，變成更好的人。」魯蘋在《快速企業》發表的文章，對這個看法做了補充：「你覺得你需要為自己的選擇提出理由，所以最後你想摧毀的不是你自己，而是你不曾變成的那個人。」

　　展現真實自我顯然是一種個人選擇，崔索再次一語中的：「聖經告訴我們：『被召的人多，選上的人少。』」我的看法不同，我覺得我們都被

召喚了，但是很少人做出選擇。」當你選擇展現自我時，你就開始朝你想變成的樣子邁進。

　　莎士比亞《哈姆雷特》的第一幕第三場中，波龍尼講了一句名言：「最要緊的是：對自己要真實。」別限制住真實的你，你應該做自己，忠於最核心的自我，這樣一來，全世界都會聯合起來幫你。當你過得真實時，你可以看著鏡中的自己說：「這是值得我尊重的人。」

　　　　在這世上堂堂正正過生活的最佳方式，就是做自己。

　　　　　　　　　　　　　　　　　　　　　　　　——蘇格拉底

　　說到底，你面對自己和他人時，你愈真實，愈有可能創造充實、有意義的人生——亦即和你的真正目的相呼應的人生。作家蘇珊·蘇吉歐（Suzanne Zoglio）力勸我們不要否認內在的真實。「否認內在的真實，就像在累積太多蒸汽的壓力鍋上加蓋，無論你再怎麼努力，都壓抑不住。」想要過真實的生活，就不能掩蓋心靈深處的真實自我。

接觸真實自我的七個秘訣

1. **別試圖掩飾**自己。別否認你是誰，別戴面具假裝成別人，勇敢主張真實的你。

2. **別相信「故障的羅盤」**。別給自己錯誤的訊息，鎖定真實的你，就像菲爾博士說的：「依賴虛假自我提供的訊息，有如相信故障的羅盤。」

3. **忠於自我**。別試圖成為別人希望你變成的樣子。你不會希望只是為了融入群體及討好別人而那樣做。

4. **傾聽直覺**。內在的心聲往往會引導你走向真實之谷，當你覺得不太對勁時，那可能不適合你。

5. **符合核心價值**。凡事都要呼應對你最重要的事情，符合你的核心價值，走自己的路，而不是別人為你挑選的路。

6. **簡潔即是豐富**。別太在意你想得到什麼，多注意你想變成什麼樣子。剝除外在的虛飾，直達真實的你。

7. **永不嫌遲**。真實顯然是一種個人選擇，變成你注定成為的樣子永不嫌遲，充分發揮真實的你，人生就會蓬勃發展。

　　在企業界，目標顧客是指公司想以產品或服務接近的目標客群。這群人不僅涉及人口統計的特質，也涉及心理統計的特徵——亦即數字背後的真正意義或真實性。公司必須小心地定義真正的顧客，當公司想把品牌擴充到最初的核心客群之外時，需要知道何時該「適可而止」。

　　在個人方面，你想接觸的目標顧客是真實的你，不是面具背後的你，而是跟你的真正志向和目的相符的你。我們需要像考古學家一樣，深入心靈探索我們是誰，以及什麼東西可以讓我們的人生變得更有意義。為了知道我們是誰，需要知道我們「不是」誰，以及生活中需要削減什麼。我們的生活型態裡充滿了五花八門的東西，但是東西愈多，似乎沒讓我們變得更快樂。真正的快樂不是獲得你想要的東西，而是感恩你所得的。你不能把真實的自我擱在一旁，莎士比亞在《哈姆雷特》裡說得好：「最要緊的是：對自己要真實。」當我們照鏡子時，我們希望能對自己說：「這是值得我尊重的人。」

你現在就是你該有的樣子嗎？

譯註
2 此處原文有誤，演講者為前 NBC 新聞主播布羅考（Tom Brokaw）。

Point 4

推 出 策 略

找到利基點
放膽冒險

4

往上看著階梯還不夠，我們必須踏上階梯。

——美國作家賀凡司（Vance Havner）

在事業和生活中，落實積極的策略都是極其重要的要素，那確定了整體的基調和方向。策略規範了公司向前邁進時需要採取的行動步驟，你可能想出各種絕妙的點子及令人振奮的夢想，但是少了策略加以落實及勇氣跨出第一步，事業或人生的目標都無法達成。

市面上關於企業策略的書籍有百百種，一言以蔽之，好的策略應該鎖定以下的五大重點，這幾點都可以在人生中輕易找到對應點。

1. **目標簡潔**。公司裡每個人都應該了解公司的走向，一心向前，例如，麥當勞的全體員工都知道，公司現在的走向是健康菜單。

2. **開闢正當利基**。淨七代（Seventh Generation）、美則（Method）、行星（Planet）之類的公司都在環保居家清潔領域占有一席之地。

3. **獨特競爭力**。蘋果、谷歌、哈雷（Harley Davidson）、臉書（Facebook）都提供獨特的能力，創造獨特的氛圍，讓他們從競爭中脫穎而出。

4. **行動號召**。好的策略應該會產生行動號召力。例如耐吉的廣告標語「Just Do It」鼓勵你起身行動。

5. **恰當地冒險**。除非你願意冒恰當的風險，落實計畫，否則再好的策略都是枉然。例如，谷歌從搜尋公司重新定位成全球最大的媒體與廣告公司之一。

安飛士租車公司（Avis）的策略就是一個很好的例子。他們的全體員工，從洗車工人到推銷租車協議的業務員，都了解公司的主張：「我們更努力」[3]（We try harder）的精神。除非安飛士在實際服務顧客時，各方面都優於它的頭號勁敵赫茲（Hertz），否則他們的策略永遠不可能奏效。安飛士秉持一貫的精神，堅持到底，自豪地宣稱他們雖然規模屈居第二，但客服勇奪業界之冠。

獨特能力：牛肉在哪裡？

一九七〇年代末期，美國已經不太需要再多出一家速食漢堡連鎖店了，但溫蒂漢堡（Wendy's）開發出一個策略，讓它一戰成名，奠定了市場地位。當時漢堡市場都是麥當勞和漢堡王的天下，溫蒂做了市調，發現這些龐大漢堡業者所提供的漢堡，都不是夾著以前大家在轉角餐飲

店裡常看到的超大牛肉排。溫蒂發現這點後，他們的策略是宣傳公司的超大漢堡，肉片比麵包還大。溫蒂以廣告活動大肆宣傳這個策略，廣告內容主打一位老婦人質疑競爭對手的小漢堡：「牛肉在哪裡？」

　　那廣告除了向在轉角餐飲店吃過大漢堡的老一輩致意以外，也放大了溫蒂在市調中清楚看到的結果，同時強力推廣他們的超大漢堡。溫蒂在飽和的漢堡市場裡找到開放的利基點時，把自己的獨特競爭力納入考量。不過，溫蒂確實在時機點上冒了風險。一九七〇年代末期，健身熱潮正盛，牛肉價格上漲，大家重新發現了雞肉的價值。儘管那時機不太恰當，溫蒂還是啟動計畫，成功執行了策略。他們冒了恰當的風險，銷售和獲利皆大漲，名利雙收。

用心客自來

　　熊熊工作室（Build-a-Bear Workshop）的策略，是和各年齡層的孩子（從孩子本身到他們的家長與祖父母）培養近距離的獨特關係。他們提供絕無僅有的「自製絨毛玩具」體驗。顧客可以自己為泰迪熊和其他的絨毛玩具填料、加毛、穿著、裝飾和命名。這家公司的策略是運用經驗零售的特質，善用樂趣及絨毛玩具的廣泛魅力。另外，他們也推出「建立熊熊村」（Build-a-Bearville）的線上事業，以虛擬世界來吸引孩童

參與活動和遊戲，並在活動中主打即將上市的絨毛玩具。熊熊工作室冒了所有恰當的風險，競爭對手只能望而興嘆。

改變策略裡的恰當風險

美軍勇敢地改變策略，標語從「充分發揮，全力以赴」（Be All You Can Be）改成「一人成軍」（An Army of One），之後又改成「鐵漢強軍」（Army Strong）。他們的策略思維是這樣轉變的：「充分發揮，全力以赴」是把焦點放在從軍的實體面，「一人成軍」缺乏對軍隊很重要的團隊要素，「鐵漢強軍」則代表身、心、團隊精神的整合。總之，美軍現在想提倡的是全方位的戰士，身心靈皆強健。

TED 會議是另一個冒恰當風險、轉變策略重點的典型例子。他們本來只在票價昂貴的年度大會上，現場分享概念，後來變成透過十八分鐘的簡報影片，在網路上傳播發人深省的概念。原本只是一個現場活動，如今《快速企業》雜誌盛讚它是「二十一世紀的新全球教室」。網路和 YouTube 上都可以看到熱門 TED 講者的十八分鐘演講，很多演講在全球累積的點閱率超過五百萬次。TED 會議不僅是哈佛「策略性重新定位」的個案研究，各地的高等教育機構也可以從中獲得一些線上教育的啟示。

策略與冒險讓耐吉堅守正軌

　　好的策略宣言可以讓公司堅守正軌，避免偏離既定的目標。只要幾個精挑細選、鼓舞人心的字眼，就能驅動整家公司萬眾一心，朝正確的方向邁進。運動鞋製造商耐吉有個全體員工都很清楚了解的簡單品牌策略：「真正的運動性能」（Authentic Athletic Performance），那個信條指引公司的一切作法，凡事都要追求誠信和純正，毫不造作。那個策略不僅貫徹了公司上下，也延伸到耐吉採用的型錄模特兒：如果要展示跑鞋，最好是起用優秀的田徑運動員來當模特兒。和耐吉有關的一切產品和服務，都是和運動有關，而不是休閒使用。這項策略避免事業不當延伸到休閒風和「運動風」的正裝鞋。每項耐吉產品都必須散發出世界級的性能，符合優秀運動員的要求。這項策略在執行與落實上往往相當昂貴與複雜，但它的確指引公司明確的方向，避免它偏離既定的利基定位。

　　也許這項簡單策略的最佳體現是耐吉的廣告標語：「Just Do It」，那句話一語道盡了世界級運動員的心態，他們不僅在比賽的鎂光燈下贏了，也贏在一早鬧鐘聲劃開黎明，展開一天訓練的時候。「Just Do It」道盡了優秀運動員及週末慢跑者的心聲、心境與心靈。那是號召大家執行公司整體策略計畫的口號。耐吉知道，除非公司願意為品牌冒恰當的風險，否則未來他們可能無法成為大家的品牌首選，所以他們全力以赴。

推動有效策略的最重要要素是實行。顯然，沒有行動號召力就無法成事。不過，行動往往需要冒險，關於冒險有一個眾所皆知的重點：在規劃策略以前，最好先做實質審查（due diligence），那是區分魯莽行事與審慎冒險的關鍵，攸關事業的成敗。不過，公司做實質審查後（亦即調查市場，衡量風險後），必須行動才有效！每家公司總有一天會發現，行動的完美時機可能永遠不會出現。總是要有人跨出第一步，不能光做計畫。

成功的企業不怕冒險，但卓越的企業會審慎地冒恰當的風險，亦即善用優勢的風險。他們冒的風險在核心競爭力的範圍內，他們知道冒恰當的風險才有豐厚的報酬。巴頓（George Patton）將軍曾言：「現在就積極執行的好計畫，遠勝於下週才執行的完美計畫。」

找到利基點放膽冒險

個人的使命宣言

　　人生和事業一樣，都需要善用獨特的競爭力（亦即優勢），找出個人利基點或人生的真實目的。我們在第一章提過，發現個人利基可以回答幾個人生的關鍵問題：為什麼我在這裡？我的人生使命是什麼？什麼驅動我？什麼最重要？

　　就某種意義上來說，你的人生策略就是你個人的使命宣言。它指出你的人生目標，以及達成目標需要採取的行動。

　　在第二章，你找出了個人的獨到競爭力。在第三章，你找出恰當的利基點—亦即你想多投入時間和心力、不想浪費時間的地方。本章則是幫你找出達成目標的計畫（策略）。

最微小的行動，永遠勝過最崇高的意圖。

——加拿大作家羅賓‧夏瑪（Robin Sharma）

明確的行動號召力：沒有試試看這回事

　　光是知道人生目標還不夠，你必須有勇氣行動，才能達成目標。光是有人生的使命還不夠，你需要積極投入，啟動，出發。寫好個人的策略宣言，卻擱在檔案櫃裡蒙灰或擱在硬碟的某處，那一點用也沒有。策略要執行才有用，必須伴隨實際的行動。最終，我們需要豁出去冒險，並相信底下有安全網的保護。

　　落實個人策略需要明確的行動號召力，你不能只想試試看。還記得《帝國大反擊》（*The Empire Strikes Back*）裡的經典場景嗎？天行者路克的戰機墜入沼澤，他對尤達大師哀嘆，戰機永遠出不來了。尤達大師建議路克運用原力，就能抬出戰機。對此，路克回應：「我試試看。」於是尤達回了一句如今已成經典的台詞：「不要試。就是做，或不做，沒有試這回事。」想要達到真正的目的，實現個人利基，就需要採取行動，這是不變的真理。我們需要行動，沒有行動，什麼也成不了。六世紀的達摩祖師曾說：「明道者多，行道者少。」英國前首相班傑明·狄斯累利（Benjamin Disraeli）也說：「行動不一定帶來幸福，但是沒有行動，肯定得不到幸福。」

我們以能力來評斷自己，他人則是以成就來評斷我們。

——美國詩人亨利‧沃茲沃思‧朗費羅（Henry Wadsworth Longfellow）

　　有多少人因為沒有勇氣跳槽，而在自己痛恨的工作上待了太久？驀然回首，才驚覺自己蹉跎了十年的人生，就只是因為自己沒有膽量改變。美國的工業鉅子卡內基說：「年紀愈長，我愈不注意別人說了什麼，我只看他們做了什麼。」

　　我們的社會深受惰性所困。你自己或認識的人有多少次覺得自己卡在一段沒有未來的感情裡，卻又覺得不做任何改變比較自在？你有多少次自問，要是我之前做了那件事，現在會是什麼樣子？電玩教父諾蘭‧布希內爾（Nolan Bushnell）說：「人生的關鍵要素是起身行動，就那麼簡單。很多人有點子，但很少人決定現在就去做，不是等明年，不是等下週，而是今天。我們不能只是光想著做事情，人生的成就在於實踐。真正做了什麼，才是界定我們是什麼人。」

　　義大利有句古諺說得好：「光是瞄準還不夠，必須發射才行。」

知而不行，有如不知。

——禪宗

行動勝於空談

我們都聽過「行動勝於空談」或「光說不練」之類的說法。現實生活中，真正重要的是我們實際做了什麼。做個身體力行者，起身實踐。畢竟，如果人生計畫只是空談，那又有什麼意義呢？我們和空想家的差別，在於我們實際去做了。

戴高樂曾說：「商議乃眾人之事，行動一人即行。」你可能夢想寫劇本或成為作家，但是你真的願意下工夫，採取達成目標的必要步驟嗎？你願意乖乖敲鍵盤，真的寫東西嗎？達成目標的人都不怕行動。

我有一位朋友是醫生，他在投資房地產方面可說是每買必漲，他有個簡單的房地產投資策略：在最熱門的林區或濱海區買最爛的房子。他不怕直接支付現價，從來沒碰過高風險的次級房貸。我問他是如何累積房地產財富的，他的回答非常簡單：「我看到適合的標的時，就馬上行動。其他人還在觀望時，我已經簽約了。正因為我敢於行動，才能在房地產市場中累積財富。」

最近很多大聯盟的球員來自美麗但貧困的多明尼加共和國，多明尼加球員之間有句流行話：「你不能等保送上壘！」他們知道他們必須積極揮棒打擊，才有可能脫穎而出，獲得球探的青睞，入選大聯盟。

即使鐘壞了，一天也會顯示兩次正確的時間。

——波蘭諺語

有時無為即有為

　　道家教了我們許多行動的哲理，它建議我們觀察站在水中的蒼鷺，牠必要時才移動，當靜止更恰當時，牠動也不動。因此，有時無為本身就是一種行動。一九九〇年代末期掀起網路狂潮，億萬富豪巴菲特決定不買科技股，他的無為反而成了一種正面行動（尤其是二〇〇〇年三月科技股暴跌的時候），他的行動就是一種有計畫的無為。

　　二〇〇八、二〇〇九年間的房貸危機前，忍住沒碰次貸市場的人都值得我們衷心讚賞。在房市低迷時沒賣掉房子的人，也是積極無為的好例子。

沒有悸動的靈魂，就不會誕生出閃爍之星。

——尼采

不安促成行動

　　網球名將比利‧珍‧金恩（Billy Jean King）曾說：「當你追求卓越時，

壓力是一種恩典。」

　　有時我們需要離開舒適區才能行動。我開始撰寫這本書以後，發生了一連串的變故，促使我去做一些我一直想做、卻擱著沒做的事情。首先，父親過世直接提醒了我，人生短暫，行動要及時。接著不久，我發現高薪的行銷職位已經不再呼應我人生的眞實目的，我突然對於上班、活在自我欺瞞的謊言裡感到很不安。心底的聲音暗示我該離開了，現在我知道那不安感促使我行動，如今我的人生還在發展，但我可以清楚看到結局，不再覺得心裡有疙瘩，我是照著人生的目的行動，發現眞實自我，每天都身體力行我給別人的建言。

　　說到行動，很多人就像愣在車頭燈前的鹿，擔心做錯選擇，害怕冒險，所以毫無行動。樂團團長雷斯‧布朗（Les Brown）曾說：「開始行動不需要卓越，但是追求卓越必須先行動。」別一直擱著夢想，等待啓動的時機。

昨日已矣，明日可追，今日是珍寶，所以大家稱之為「現今」（present，
諧音「現金」）。
　　　　　　　　　　——美國卡通漫畫家比爾‧基恩（Bill Keane）

完美時機就是現在

艾克哈特·托勒（Eckhart Tolle）在暢銷書《當下的力量》（*The Power of Now*）裡，呼籲大家要活在當下，他認為多數人太沉溺於過往與未來，又不願意重視與投入當下。愈是專注於過往與未來，就錯失愈多最寶貴的東西：當下。他呼籲大家「深深體會當下才是你唯一擁有的人生，你應該把當下變成生活重心，永遠擁抱當下。」托勒的理念要是套用禪宗的說法，一言以蔽之就是：若非此時，更待何時？托勒堅信，修鍊當下的力量，活在當下，就是成功與充滿意義人生的關鍵。

多年來，我一直很欣賞我的朋友兼事業夥伴鮑勃·柴奇克，他總是可以全神貫注地投入當下。他知道沉默是最能展現其存在的有力載體。在任何會議中，他都可以仔細聽出弦外之音，言外之意。他了解良好溝通的秘訣在於，不只聆聽對方所言，也聆聽言語周遭的完整情緒。大家都覺得和他很有共鳴，所以每次換他發言時，大家都會洗耳恭聽。我很自豪能有這樣的合作夥伴，如果我能效法他活在當下的典範，我會更加自豪。

有勇氣離開海岸，才能發現新海洋。

—美國作家丹尼爾 · 亞伯拉罕（Daniel Abraham）

別等候完美時機

　　人生一大悲劇是害怕行動，你有多少次在決定的當下，臨陣畏縮，決定等候完美時機才行動，但完美時機似乎從沒來過。作家羅恩 · 魯賓（Ron Rubin）和史都華 · 艾利 · 高德（Stuart Avery Gold）在著作《虎心》（*Tiger Heart, Tiger Mind*）裡提到完美時機的問題：「我們常拖延行動，等候天時地利人和，但是等候讓夢想離我們更遠，自己造成分析癱瘓（analysis paralysis）。」

　　有時候，事事都想抓對時機，只會葬送夢想。我來分享一個幾年前我碰到的時機問題。二十歲時，我去了一趟加州的大索爾（Big Sur）以後，就一直想住在那裡。大索爾位於卡媚兒市（Carmel）的南方，離卡媚兒市僅二十六英里，是大家公認世上最美麗的景點之一。那裡有媲美蘇格蘭最美海岸的崎嶇海岸線，但氣候遠比蘇格蘭宜人，又有令人驚艷的海景，尤其是沿著著名的美國加州一號公路。浪花沖撞岩石的時候，經常可見在你的肩頭上漾出淡淡的薄霧。然而，我一直無法實現夢想，部分

原因在於我一直在等候完美時機。每次我一想起那夢想，當下總是有藉口讓我打消念頭。利率低時，價格似乎太高；價格下滑時，利率又飆升了。稍後，我會再回頭講完這整個故事。

人生最大的風險，就是從不冒險。

——美國作家威廉‧亞瑟‧華德（William Arthur Ward）

放膽豁出去

華德在德州衛斯理大學擔任行政人員，他對於人生的最大風險有獨到的看法：「大笑可能被當成傻瓜，哭泣可能被誤為多愁善感，向別人伸出援手可能會陷入風險。展現情感可能洩漏眞情，和眾人分享你的概念和夢想可能被取笑天眞，勇敢去愛可能對方相應不理，活著隨時都可能死去，懷抱希望可能最後失望，嘗試可能失敗，但是冒險是必要的，因為人生最大的風險，就是從不冒險。」

我年輕時向來抱著「放膽豁出去」的態度，不過隨著年紀增長，我們通常會失去一些年輕的活力，看事情變得比較謹愼，會「三思而後行」。幾年前我遇到一件事，更印證了這點。小時候我喜歡從十五米高的跳水高台往下俯衝，從來沒想過那樣可能受傷，我完全不在乎跳水姿勢，無

論是完美的燕式或是狗爬式，對我來說都一樣，我純粹只是熱愛跳水的感覺。不過，隨著年紀增長，奇怪的情況發生了，我們失去一些爲了獲得純然歡樂而勇敢冒險的純眞。

　　某天，我在奧運賽規模的游泳池邊休息，聽到一位年輕的母親心急地尖叫，她的五歲兒子不知怎的爬在十五米高跳水台的一半，突然不敢下來。當時不知道爲什麼，正好沒有救生員在場，所以我勇敢地爬上平台，把男孩帶下來，交給他母親。接著，我沒多想，就決定重新體會兒時的歡樂，爬上跳水高台，我想再從高台上跳下來一次，純粹是好玩。不過，我爬到最後幾階時，腦中開始浮現以前年輕時從未想過的念頭：萬一滑倒，跌落梯子怎麼辦？我已經好久沒跳水了，萬一摔斷脖子怎麼辦？我的壽險有涵蓋這項意外嗎？我有多少退休金？等我終於爬上高台頂端時，膝蓋已經抖了起來，因爲高台的高度似乎是我幼時記憶的兩倍。我撇開這些成年的負面想法，決定放膽一跳。你注意到我是說「跳」，我在最後一刻決定不用俯衝下水的方式，而是掐住鼻子跳水，雙腳先入池。我從水池裡安全冒出來時，那位年輕的母親和其他人都來謝謝我幫她救了孩子，不知怎的，我一點都沒有英勇的感覺，反而納悶我年輕時的活力都到哪兒去了。爲什麼小時候做過無數次的簡單跳水，如今感覺是那麼大的風險？

　　我們無法讓時光倒流，我們當然不再是以前那個孩子，但是能重拾一

些年輕活力不是很棒嗎？當我們冒險時，就挽回了一些無畏、大膽、年輕的活力。但是，什麼樣的冒險是勇敢？什麼樣的冒險是愚蠢呢？

恰當的風險

無論你喜不喜歡，冒險永遠是人生中無可避免的一部分。無論是換工作、談戀情、投資、選適合的學校，你終究都需要面對風險。你必須從雙面鏡來看待風險，行動有風險，但完全不行動風險可能更大。不對熱情採取行動，可能失去千載難逢的機會。

大家常說世上有三種人，一種人讓事情發生，另一種人看著事情發生，當然還有一種人是不知道剛剛發生了什麼事。想要充分發揮潛力，你需要屬於第一種，採取行動，讓事情發生。

以下是一個關於冒險的關鍵問題：你怎麼知道何時冒險適合你？崔索在《恰當的風險》中告訴我們，當風險呼應我們真正的目的、價值觀和熱情時，那就是恰當的風險。他表示，成功人士之所以冒險，是因為冒險就某方面來說讓他們趨於完整，朝特定目標邁進。崔索認為：「恰當的風險是經過深思熟慮的，專注的，充滿意義的。那不像自以為是的冒險，而是超越得失，是為了更遠大的目的。恰當的風險不會讓人更自大，

而是更強化我們的特質。那冒險令人感到充實，不是因為有趣或刺激（雖然通常都很有趣刺激），也不是因為獲利豐碩（雖然獲利也可能不錯），而是因為它帶領我們抵達目標」。冒恰當的風險可以幫你拉近現實和夢想的距離。

我們不是因為事情困難而不敢行動，而是因為不敢行動才覺得事情困難。
——古羅馬哲學家塞內卡（Seneca）

「如果當初」的經典個案

在矽谷，冒險與創新是生活的常態，羅納德‧韋恩（Ron Wayne）在這裡成了「悔不當初」的出名個案。韋恩和賈伯斯及史蒂夫‧沃茲尼亞克（Steve Wozniak）是蘋果的共同創辦人，他設計了公司最初的商標，為蘋果一號電腦寫了技術使用手冊。後來蘋果最初的合夥協議也是他起草的，那份協議讓他擁有 10% 的蘋果股權，如果他持有至今的話，換算成今天的市值是兩百二十億美元，但他沒持有，他擔心合夥人的揮霍無度可能導致蘋果倒閉，所以他把股權賣回給賈伯斯和沃茲尼亞克，賣

價是……聽好囉……八百美元！這就是典型缺乏勇氣放膽去做的悲觀個案。邱吉爾曾說：「樂觀者在災難中看到機會，悲觀者在機會中看到災難。」

　　毫無疑問，冒險需要勇氣。當我們冒險時，往往是戒慎恐懼地行動。當我們創業時，是冒著失敗的風險。當我們勇敢示愛時，是冒著對方回絕的風險。當我們辦派對時，是冒著賓客不會出現的風險。當我們展現真正的感受時，我們擔心洩漏了真情。總之，你懂我的意思了。

　　人生充滿了風險，但是最大的報酬是屬於敢冒險的人。人生的一大悲劇是毫不冒險，以至於一無所獲。俗話說：「不入虎穴，焉得虎子。」你不希望多年後才回顧遺憾的人生說：「要是當初多冒點風險就好了。」就像崔索說的：「很多酒吧的凳子，都被回憶過往遺憾的男子坐暖了。」雖然冒險需要勇氣和膽識，幽默作家威爾‧羅傑斯（Will Rogers）還是鼓勵大家勇於冒險：「為什麼不豁出去呢，豁出去才能摘到甜美的果實」。不冒險的話，受傷的機率減少了，但是那樣一來，我們也沒能充實過一輩子。說到冒險，我耳邊總是響起蘇格蘭愛國英雄威廉‧華萊士（William Wallace）的聲音：「每個人都會死，但不是每個人都真正活過。」

冒恰當風險的七個秘訣

1. **聆聽心聲**。跟隨心之所欲，而不只是理性。當你傾聽內心的聲音時，鮮少出錯。

2. **離開舒適區**。千載難逢的良機通常是在舒適區之外，你應該勇敢把握那機會。

3. **避免分析癱瘓**。事前做足功課，但最終你必須行動。最大的風險其實是毫不冒險，別等候機會降臨，你應該主動追尋。

4. **別等候完美時機**。人生中沒有真正完美的行動時機，從行動中學到的東西，通常比等待時更多，最佳的行動時機就是現在！

5. **面對恐懼**。感受那恐懼，做就對了。鼓起勇氣排除恐懼，讓恐懼來驅動你，重新聚焦。

6. **活在當下**。把人生的焦點放在當下，而不是過去或未來。切記，人生是個珍寶，所以我們才稱今日為「現今」。當下才是你唯一擁有的人生。

7. **放膽豁出去**。亞里斯多德曾說：「勇氣是人類的所有特質之首，因為有了勇氣，其他特質才隨之而來」。鼓起勇氣冒險，拉近夢想與現實的距離。

++++ **本章摘要**

　　在企業中，成功的策略有行動號召力，但是行動策略往往有一定程度的風險。公司審慎完成市調後，就是推動策略的時候。

　　就某種程度來說，我們的人生策略是一種使命宣言，但是光有使命還不夠，我們還需要行動。策略要落實了才有用，我們需要採取必要的行動步驟，事情才會發生。落實行動策略通常需要冒險，關鍵在於冒恰當的風險—亦即帶我們達成目標的風險。冒恰當的風險往往需要勇氣，不冒險的話，受傷的機率減少了，但是那樣一來，我們也沒能充實過一輩子。如果我們不主動掌握人生，人生會以它自己的方式來掌握我們。

　　就像我祖父曾說的：「你不可能從地面上跌落。」

上次你冒著失敗的風險,投入你堅信的事物是什麼時候?

譯註
3 因為業界規模最大的是赫茲,他們雖屈居第二,但更努力。

Point 5

度 過 產 品 週 期

每 個 階 段 都
重 塑 自 我

我們以展望未來過日子，但從回顧過往了解人生。

——祁克果（Søren Kierkegaard）

我們經歷人生的週期時，都需要不斷地改造自己。同樣的，企業裡也有產品週期。

投資人大體上都不想投資曇花一現的爆紅產品，他們希望公司有好幾代的產品在研發中，未來可以持續獲利。他們也希望公司靈活運作，不斷地隨著趨勢改造自己。製藥公司就是自我改造的好例子，像默克（Merck）之類的製藥公司需要持續開發新藥，因為即使是最成功的專利藥品，終究會變成學名藥。公司需要持續重新發明與創新產品，才能持盈保泰。

公司自我改造

惠普（HP）創立初期，對電腦幾乎一無所知，但是對測試和衡量業務相當了解。惠普決定改造自己，把測試與衡量事業分拆出去，成立安捷倫公司（Agilent），剩下的惠普品牌則是專注於個人電腦和印表機

事業。如今惠普是全球最大的個人電腦公司，全球營業額逾一千兩百億美元。同理，IBM 也是改造自己，出脫硬體電腦事業，專注在迅速成長的電子商務市場內，提供服務及商業方案，如今成爲全球最大的資訊科技公司。

　　隨著個人電腦事業的成熟，蘋果決定把公司名稱從蘋果電腦改爲蘋果公司。蘋果透過 iPod、iTunes、iPad 等產品的推陳出新，希望藉此反映出公司已經改造自我，從個人電腦公司轉型爲消費性電子公司。蘋果的「推陳出新」圖顯示，公司從電腦公司轉爲消費性電子公司的自然演變。

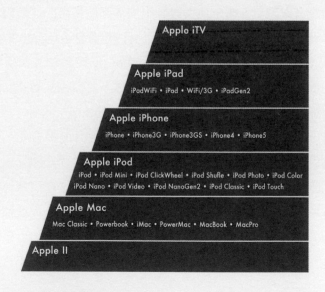

連達美樂比薩也做過企業改造。市調結果顯示，很多人覺得達美樂的餅皮吃起來很像在啃紙板，於是他們狠下心更換比薩配料，業績因此大幅飆漲。

有線電視頻道 MSNBC 也是企業改造的實例，從評價低、毫無特色的電視台，變成熱門的政治論壇頻道。

面對經濟動盪，Coach 之類的精品品牌也需要改造自我。Coach 創立於一九四一年，向來以優質及耐用的皮件著稱，女包售價大都是在三百美元左右。二〇〇八年金融危機及經濟衰退後，Coach 需要針對比較在乎價格的消費者做調整，所以他們設計出價格比較實惠的精品錢包和配件，定價上考慮到景氣低迷，但又無損品牌的尊貴性。Coach 與皮件及織品供應商密切合作，開發出比較平價的 Poppy 商品線，重新評估產品組合，把手提包的平均售價降至三百美元以下。Coach 品牌明顯需要跟著時局改變，執行長路·法蘭克福（Lew Frankfort）表示：「Coach 需要改變思維，我們覺得世界將變得永遠不同，我們需要適應。」

城市也會改造自我。一直以來，拉斯維加斯不斷地因應競爭對手及消費者需求的變化，持續地轉型。一開始，拉斯維加斯是在內華達的沙漠中興建賭博中心。一九四〇年代開始，拉斯維加斯就不斷以推陳出新的節目及平價的住宿來吸引遊客。之後，拉斯維加斯更是把自己定位成闔家同樂的地方，針對各年齡層提供各種服務：父母上賭場，小孩玩遊樂

設施（例如 Circus Circus 飯店和金銀島〔Treasure Island〕飯店）。一九九〇年代，面對東岸的競爭及人口日益西移，拉斯維加斯開始出現建築與裝修熱潮，宏偉的大飯店如雨後春筍般聳立，忠實地呈現出紐約市、巴黎、威尼斯、埃及金字塔的縮影。以前拉斯維加斯是以賭場收入補貼超低的住宿費，現在則是提高豪華住宿、美食、全天候購物，以及各種頂級娛樂。拉斯維加斯改走奢華風之後，再加上「鼠黨[4]」（Rat Pack）懷舊風的興起，如今是極盡誇張之能事。時髦夜店和許多成人娛樂，爭著和賭場及其他的娛樂活動搶奪遊客的注意力及荷包。現在，拉斯維加斯的規範愈來愈寬鬆，只要你不干擾到其他顧客，你想做什麼都可以。

拉斯維加斯在每個演變階段，都巧妙地改造了自己。隨著市場風潮及消費者趨勢，改變策略和產品。所以，無論是遊樂園興起、大西洋城開賭城、印第安園區設立賭城、經濟蓬勃、景氣低迷，或是懷舊風興起，拉斯維加斯永遠都應付自如，都能滿足顧客所需。拉斯維加斯希望顧客把它當成逃脫世俗的最後樂土，在那裡盡情放鬆，玩得痛快。所以，拉斯維加斯才會自豪地宣稱：「在賭城發生的事，就讓它留在賭城吧。」

公司需要不斷地推陳出新，偶爾自我改造，才能持續受到顧客的青睞。不過，這些公司也必須守在核心競爭力的範圍內。這種持續的演進也是一種生存技巧，因為市場年復一年地改變。

在每個階段重塑自我

每個時代都是夢想的逝去或是即將降臨。
──英國詩人亞瑟‧奧肖內西（Arthur O'Shaughnessy）

生命週期

　　類似產品推陳出新的流程，我們每個人也不斷地改造自己。就像公司有明確的「產品週期」，我們個人也有「生命週期」，需要在人生中不斷地重新定義或改造自我。這類轉變有好幾種方式，可能是改變職業方向，或改變生活方式。在某些情況下，我們甚至可能會改變他人對我們的觀感。人就像公司，是處在不斷演進的狀態。你之所以拿起這本書，可見你有改變生活的衝動。重新探索是個持續的流程，部分流程是在重新界定或改造自己，而且不只一次，得隨著生命週期的發展，看需要改變幾次就幾次。

　　　　　　　　有蛻變，才有蝴蝶。

　　　　　　　　　　　　　　　　　　　　──佚名

改造自己

　　馬克・華伯格（Mark Wahlberg）的故事就是個人改造的驚人實例，他就是靠著一再地蛻變，開創出豐富的職業生涯。

　　華伯格出生於麻州波士頓郊區的多切斯特（Dorchester）貧困區，家中有九個孩子，他排行老么，從小便偷竊、打架、在街頭遊蕩，十三歲就輟學。十六歲時，他以木棒凶狠地攻擊一名男子，被判入獄，服刑四十五天。在獄中，經由教區神父的指導，他意識到他若要實現夢想，必須扭轉人生。華伯格後來和兄長丹尼（Donny）一起加入男孩團體「街頭頑童」（New Kids On The Block），初嘗成名的滋味。後來他加入Marky Mark and the Funky Bunch樂團，出了一首排行榜冠軍曲〈Good Vibrations〉。

　　華伯格在一支充滿挑逗意味的音樂錄影帶中出現以後，他精實的體格開始登上一系列充滿性暗示的凱文・克萊內褲廣告。在知名度大增及吸引大量的女性觀眾後，他首次躍上大銀幕，和丹尼・狄維托（Danny DeVito）合演《天兵總動員》（*Renaissance Man*）。之後，他在電影中的角色持續獲得肯定，例如《赤子本色》（*The Basketball Diaries*）、《不羈夜》（*Boogie Nights*）、《天搖地動》（*The Perfect Storm*）、《所向披靡》（*Invincible*）。二〇〇六年，華伯格在馬丁・史柯西斯（Martin

Scorsese）執導的驚悚片《神鬼無間》（*The Departed*）中扮演州警，他在戲中的精湛演技，爲他贏得了奧斯卡最佳男配角的提名。

後來華伯格又再次轉變自己，這次轉爲執行製作HBO的熱門影集《我家也有大明星》（*Entourage*），劇情參考他自己闖蕩好萊塢的經驗。之後他又製作備受好評的HBO迷你電視劇《大西洋帝國》（*Boardwalk Empire*）。二○一○年，他製作與主演《燃燒鬥魂》（*The Fighter*），劇情回歸他幼時住在勞工階級社區的成長背景。那部電影囊括了七項奧斯卡獎的提名，其中包括最佳影片。後來該片獲得奧斯卡最佳男配角獎（克里斯汀・貝爾〔Christian Bale〕）及最佳女主角獎（梅莉莎・李奧〔Melissa Leo〕）。華伯格經歷了動盪的人生，逐步改造自己，變成「好萊塢最有權勢的人物之一」，讓人不禁好奇他的下一步會是什麼？我想，我們只有拭目以待才會知道。

八次網球大滿貫的得主阿格西雖然高中輟學，但他在家鄉拉斯維加斯爲低收入家庭的孩童，創立阿格西大學預備學院（Andre Agassi Preparatory Academy），提供從幼稚園到高中的教育，也因此改造了自己。阿格西曾拒絕穿上傳統的白色球衣登上溫布敦球場，但如今他嚴格規定學校裡的學童穿制服，他不希望最貧困的學童在服裝上和有錢買較好衣服的學童有任何差異。

時間是善於改裝的裁縫師。

——美國小說家博德文（Faith Baldwin）

　　以下是一些改變職業生涯、生活方式，或逐漸改變價值觀而改造自己
的名人。

　　吹牛老爹（Sean Diddy Combs）：從饒舌歌手，變成音樂製作人，
接著當起新銳演員，後來又變成知名男性時尚設計師，現在更是好萊塢
的大牌經紀人。連他的英文名字都從 Puff Daddy，變成 P. Diddy，最
後只用 Diddy 一字。

　　希拉蕊：從美國第一夫人，變成紐約州的參議員，之後成了熱門的總
統候選人，接著擔任美國國務卿，可以說是全球最有權勢的外交官。

　　喬治．福爾曼（George Foreman）：從暴力的重量級拳王，變成牧師，
四十五歲又重返拳壇，奪回重量級拳王的寶座，之後成了福爾曼燒烤機
的超級代言人，現在是天然環保清潔用品的廠商。

　　瑪莎．史都華（Martha Stewart）：從優秀的股票經紀人，創立「瑪
莎史都華生活型態」的媒體王國，後來因為股票交易涉及共謀、妨礙、
對聯邦調查人員做偽證而入獄服刑，出獄後，她馬上回歸一手創辦的媒
體王國，毫無停歇，現在她也推出環保居家清潔用品。

　　艾爾．弗蘭肯（Al Franken）：從名編劇及《週六夜現場》（*Saturday*

Night Live）的搞笑演員，變成作家、電台主持人、明尼蘇達州的參議員。

米基‧洛克（Mickey Rourke）：從業餘的拳擊手，變成電視劇及小電影裡的配角，後來在賣座電影中表現一鳴驚人，成了知名演員，接著又變成票房毒藥，後來因扮演過氣的摔跤手而獲得奧斯卡獎提名。

比爾‧蓋茲：從微軟的執行長及全球首富，成立蓋茲基金會，發起「捐贈承諾」（The Giving Pledge）行動，號召超級富豪捐出至少一半的財富做慈善公益，成了全球最樂善好施的慈善家。

傑西‧溫圖拉（Jesse Ventura）：本來是美國海軍三棲特戰隊的隊員及職業摔跤手，接著選上明尼蘇達州的州長，後來在哈佛指導研究小組。

約翰‧葛里遜（John Grisham）：本來是律師及密西西比州的眾議員，這背景爲他開創了事業第二春，成了暢銷小說作家。他深入投入一樁密西西比的訴訟案時，得到暢銷小說《殺戮時刻》（*Time to Kill*）的靈感。

柯蒂斯‧詹姆斯（Curtis Jackson，又名五角）：從饒舌歌手變成演員，接著又成功創業，他和酷樂仕（Glacéau）合作開發一種維他命水，最後賣給了可口可樂公司，獲利超過一億美元。

寶拉‧阿巴杜（Paula Abdul）：以前曾是湖人隊的啦啦隊員，後來變成知名的編舞家，接著出了一張奪得暢銷榜冠軍的專輯，之後又變成熱門選秀節目《美國偶像》（*American Idol*）的評審，她絕對是電視界的未知數。

魔術強森（Earvin "Magic" Johnson）：從籃壇名將變成最出名的HIV代言人而改造了自己。他後來變成很有生意頭腦的創業家，持有許多市內企業的股權。

泰拉‧班克斯（Tyra Banks）：卸下超級名模的身分後，自己創立一家製作公司，名叫保利製作公司（Bankable Productions），製作《泰拉班克斯秀》（*Tyra Banks Show*），她也是大尺碼女性的支持者。

瑪丹娜：她不只改變外型，每隔幾年就引領音樂／影音的風潮，她的童書《英倫玫瑰》（*The English Roses*）登上《紐約時報》的暢銷書榜，她是懂得如何不斷改造自己、一再登峰造極的超級巨星代表。

雷根：從演二線電影的演員變成美國總統。

東尼‧班奈特（Tony Bennett）：在兒子的協助下改造職業生涯，從年老的往日紅星變成當紅的葛萊美獎得主，人氣擴及二三十歲的年輕歌迷。

約翰‧葛倫（John Glenn）：從早年的太空人變成俄亥俄州的參議員，後來又成為最年長的太空人，重返太空旅行。

艾森豪：從二次大戰的盟軍指揮官，變成哥倫比亞大學的校長，之後成為美國總統。

凱文‧柯斯納（Kevin Costner）：從性感的電影明星，變成堅毅又有才華的導演，以《與狼共舞》獲得奧斯卡獎的肯定，之後創立一家漏

油清理公司，致力投身改良環境。

史黛拉‧麥卡尼（Stella McCartney）：她是披頭四知名團員保羅‧麥卡尼（Paul McCartney）的女兒，她大可克紹箕裘，踏入樂壇，但她選擇不按牌理出牌，成了備受肯定的時尚設計師，專注於環保的精品時尚。

我的朋友沃特是徹底改造自己的典範，他曾是鎮上最頂尖的人身傷害律師之一。某天，警察突然到他家，將他戴上手銬，以警車帶走，並以保險詐欺及謊報所得稅的罪名加以起訴，吊銷他的加州律師資格，判處五年徒刑。

在獄中，沃特開始透過函授課程研讀心理學。囚禁期間，他得知年幼的孫子罹患自閉症，有嚴重的終生發育障礙。於是，沃特對於幫助殘疾兒童爭取特殊教育方案及權利，開始產生興趣。獲得假釋後，他幫殘疾兒童爭取特殊教育的興趣大增，成立一個非營利組織，名叫「特殊學生專業聲援者」（Professional Advocates for Special Students，簡稱 P.A.S.S.），致力幫助殘疾兒童滿足特殊教育的需求。

過去兩三年間，沃特收到數百封殘疾兒童的父母寫來的感謝函，外界普遍肯定他是特殊教育領域的專家，經常無償地幫助他人。

加州政府為了肯定他的改過自新及遠大目標，恢復了他的律師資格。

我那祖籍來自愛爾蘭的母親喜歡以「別從平靜的大海貿然判斷水手」來描述沃特這種人。沃特經歷過人生的大風大浪，他重新定義了自己，他的無私奉獻讓特殊教育界變成更安全的港灣。

> 因為現況是這樣，所以未來不會依舊一樣。
> ——德國戲劇家貝爾托·布萊希特（Bertolt Brecht）

人生之風

每個人都會經歷不同的人生階段，這些階段可以簡單用「人生三風」來代表：

第一風：致力冒險

這是致力冒險的階段，為了達到目標，你什麼都肯做，即使是派你去買咖啡和甜甜圈，你也會接受。如果你跟我一樣，那麼你在這段期間可能搬遷五次以上，而且想都不想就答應了。你不怕冒恰當的風險，人生就是刺激的冒險。

第二風：功成名就

這時你已經累積了一些成就，開始出名，但是成名也有代價。你暗自說服自己，是為家庭的整體幸福而犧牲，你開始錯過原本以為沒什麼、但事後回想很有意義的事情。你錯過了兒子的小聯盟比賽，女兒的足球賽，一再延後你答應另一半的全家假期。你加薪升官，現在更有錢了，卻沒時間享受生活。你開始納悶：「為什麼那麼成功了，卻沒有更快樂？」這話聽起來很熟悉嗎？

第三風：探索

你開始意識到，你做什麼，不見得代表你是什麼人。這時你可能已經離婚，事業無成，或是因至親過世而哀傷，意識到人生短暫。你開始認真質疑自己的人生目的，質疑自己能留下什麼典範。過有意義的人生變成你的首要之務，你開始明白什麼對你最重要。當你有了這樣的體悟，你將御風而行。

人生三風不見得和年齡有關，你可能在任何年齡遇到人生的關鍵時刻，體會到不同的風吹來。以曾經贏得網球冠軍的珍妮弗·卡普雅蒂（Jennifer Capriati）為例，十五歲時，她是世界排名第二的女子網球選手。兩年後，她因為在商店裡順手牽羊及持有毒品而遭到逮捕，比賽也泡湯了，全球排名掉到兩百二十名。

卡普雅蒂後來東山再起，令人刮目相看，在澳洲網球公開賽中二度摘冠，一位大膽的記者問她再創第二春的感想，她回應：「不，我是創造第三春（第三風）。」（我們都知道她講的不只是網球！）

> 人生的所有際遇造就了部分的我。
> ──英國桂冠詩人丁尼生（Alfred Lord Tennyson）

關鍵時刻

每個人生階段都伴隨著某個關鍵時刻，那時刻往往是人生的轉折點。想了解你經歷的改變，一個好方法是以十年作為一個階段，來檢視人生的關鍵時刻。這不是簡單的任務，不過，當你徹底完成時，可以幫你釐清未來的目標、夢想和願望。你將會看到對你的人生有大幅影響的轉折點和關鍵時刻。你因應這些事件的方式，會影響你對自己的感受，你的為人，你想成為的樣子。萊哈在著作《找出你的北極星》中提到：「人生就像織錦掛毯，從後面看是雜亂的線頭，從前面看是上帝編織的美妙設計。」

你無法望向未來，串連起每個事件，你只能回顧過往，才能串起過往事件的相同點，丁尼生說得好：「人生的所有際遇造就了部分的我」。

為了幫你做這個練習，我舉自己的人生為例。下面幾頁，我以前所未有的方式揭露自己。

切記，我們做的每個選擇都會在人生中創造漣漪效應。事情發生在我們身上時，無論是好是壞，關鍵在於我們如何因應，這就是樂觀和悲觀的差別。

第一個十年（1 至 10 歲）

- 被車撞到，大家原本以為我將永遠無法行走。
- 私人教師一對一授課，我可以獲得完全的關注（我還是很渴望那種感覺）。
- 我父親開的知名餐廳生意很好（好消息），他花了很多時間在餐廳上（壞消息）。

第二個十年（11 至 20 歲）

- 髖關節手術讓我重新行走（雖然是跛行）。
- 在小聯盟的明星賽上，擊出制勝的關鍵球，醫生為我感到非常驕傲。

- 上高中。
- 發現女孩。
- 去新英格蘭上大學，獲得優等獎，但我知道世界上還有遠比我聰明的人。

困境中誕生奇蹟。

—十七世紀法國哲學家尚·德·拉布呂耶爾（Jean De La Bruyere）

觀點：第一個與第二個十年

回顧我自己的人生，第一個和第二個十年的發展，和我堅持不懈，不肯對命運低頭（不願接受未來不可能再行走）有很大的關係。我可以明顯想到幾個關鍵時刻。

我九歲時，不幸被汽車撞到，左髖骨碎裂，醫生說我將永遠無法行走。父母帶我去找了幾位最頂尖的骨科醫生，但他們都拒絕爲我動手術，聲稱手術於事無補。某天，我們去造訪紐約尼克斯籃球隊的首席骨科醫生——柳澤。醫生說他幫我動手術的話，恢復行走能力的機率是一半。我告訴他，我願意試試看，那顯然是正確的決定，我爸媽也答應了。

手術成功後，我又恢復行走（雖然是跛行，醫生說我可能一輩子都會那樣）。

　　一年後，我擠進小聯盟的明星隊，醫生為我感到相當驕傲。我們和上一年的小聯盟冠軍比賽時，我在最後一局以二壘安打把壘上的人全送回本壘，讓我們贏得了比賽。隊友把我團團圍住，我知道我立了大功，因為教練後來請大家吃的慶功比薩上撒滿了各種配料（可見我們的成績亮眼）。

　　本地媒體大幅報導那場比賽，我等不及從報上看到我們贏球及我打出制勝關鍵球的消息。隔天我起得很早，看到報紙的頭條寫著：「跛腳男孩的關鍵一擊制勝！」我不滿地走到報社，要求見體育版的編輯，我把體育版往他尷尬的臉上扔過去，發誓絕不再跛腳。從那天起，我的跛腳幾乎奇蹟似的消失了。現在，有人對我說他們做不到什麼事情時，我總是想起那制勝的關鍵一擊，以及全憑意志力消失的跛行。

第三個十年（21 至 30 歲）

- 獲得碩士學位，論文題目是〈奧運主辦城市的行銷〉。
- 加入美軍擔任少尉。
- 在摩托羅拉展開行銷生涯，認識我的行銷導師，他教我十二點行銷

規劃原則。

- 遇到我的人生貴人唐諾。
- 首次造訪加州卡媚兒市／大索爾，誓言有一天要住在那裡。

觀點：第三個十年

回首第三個十年，在摩托羅拉工作時不怕冒恰當的風險，是一個關鍵轉折點。我來說明一下。

某天，我老闆艾德（他是哈佛商學院畢業的）找我進他的辦公室，他邀我去他位於伊利諾州巴林頓（Barrington）綿延山區的美麗農場，他想看我能否學會他那套知名的十二點行銷計畫原則。沒錯，就是本書採用的根本原則。只不過我老闆的邀約裡有個陷阱：如果他覺得我沒掌握到或沒能力運用那套行銷計畫流程，他會當場開除我。我記得我當時問他，我是不是第一個受邀者，他說，在我之前有四個「行銷三腳貓」，他們都沒過關，都已經離職了。

後來，那個週末成了神奇的體驗。艾德的行銷流程令我著迷，他也說我展現出強烈的理解力。幾個月後，他很滿意我的進步，派我去多倫多的摩托羅拉加拿大分公司執行計畫。偶爾，你會碰到天時地利人和的情況。那段期間，加拿大分公司的業績正好翻了三倍，我的職業生涯和薪

資都跟著大幅飆漲。

第四個十年（31至40歲）

- 在印第安那州為企業集團工作，學會欣賞中西部的價值觀。
- 為了較高的收入，搬到洛杉磯，加入一家消費性電子公司。我的核心價值觀大受考驗。
- 遇到我後來的事業夥伴及多年好友柴奇克。
- 幫另一家加州的消費性電子公司扭轉頹勢，榮登某家業界雜誌的四十歲以下頂尖行銷高管名單。
- 事業夥伴和我創立行銷諮詢公司，事業相當成功（如果你定義的成功只是獲利的話──那正好也是本書質疑的論點）。
- 我們開始探索成立三風公司的可能。那家公司的目的，是幫大家探索對自己真正重要的事物並採取行動。
- 但是我們後來暫時擱下創立三風公司的概念，接下某大健身器材公司的管理權。我們再一次為了更多的金錢而犧牲自己（這裡我開始看出令人不安的模式）。

當我們再也無法改變情況時，需要轉而接受挑戰改變自己。

　　—奧地利精神病學家維克多・法蘭克（Victor Frankl）

觀點：第四個十年

　　回首第四個十年，我看到一個令人不安的模式，很多人在四十出頭時都是那樣。我們迷失了自己，工作變成生活，一些更重要的事情反而擱著不理。當我們在職場上逐步升遷時，收入跟著增加，但不見得有意義。以我自己為例，我一直想要有孩子，但是時機似乎就這樣錯過了。我開始重新評估一切，回頭檢視我年少時的夢想，我知道發現自我的良機仍等著我。

第五個十年（41 至 50 歲）

- 我創立幾家成功的公司。
- 我喜歡孩子，但依舊膝下無子。
- 股市大起大落（記取了教訓）。
- 父母過世，我感到失落，需要重新檢視我的人生以及在工作之餘如何生活。

- 我們開始舉辦研討會，上電台受訪，推動三風的概念。
- 全球頂尖的企鵝出版社決定出版我的第一本書，書名是《人生行銷計畫》。
- 我仍渴望搬到卡媚兒市／大索爾，也許我的書會促使我更早搬過去。

觀點：第五個十年

在第五個十年，轉折點是我父母過世。父母過世時，我的人生觀也變了，我開始意識到人生短暫，重新正視自己的人生，評估一切，心想自己能否實現目標、夢想和年少時的願望。我不禁自問，我的人生是否對他人有所貢獻？如果明天就離開人世，我會留下什麼遺澤？很多人就是從這裡展開美好的自我探索之旅，開始為真正重要的事情採取行動。

決定你是誰的，不是人生發生的事件，而是你選擇因應事件的方式。
——維克多‧法蘭克

回顧與展望

　　我回顧過往數十年的經歷時，法蘭克的那幾句話給了我不少慰藉。

　　有個兩兄弟的故事是這樣說的。有人問那個哥哥為什麼抽菸，他回應：「我抽菸是因為我小時候我母親抽菸。」有人問那個弟弟相反的問題：「你為什麼沒抽菸？」他回應：「我沒抽菸是因為我小時候我母親抽菸。」

　　法蘭克是對的，塑造我們及決定我們是誰的，不是人生發生的事件，而是我們選擇因應事件的方式。法蘭克建議我們從容應對：「當我們再也無法改變情境時，需要轉而接受挑戰改變自己。」

　　人生不見得公平，沿途往往充滿坑疤和阻礙。作家維琴尼亞‧薩提爾（Virginia Satir）補充說道：「人生不見得如意，本來就是如此，你應對人生的方式才是關鍵所在。」

　　　　沒什麼事情是絕對不變的，即便是已經發生的事。

　　　　　　　　　　　　　　——丹‧貝克博士

故事仍在上演

人生對我們投出一些變化球，面對關鍵時刻，我們無法知道那關鍵是好是壞，要等將來回首時才看得出來。那事件如何形塑我們？是否讓我們變成更好的人？我們會因此而被擊垮嗎？還是讓我們變得更堅定？

瑪麗安・蓋里（Maryanne Garry）和德馮・波拉斯茄克（Devon Polaschek）在《今日心理學》（*Psychology Today*）裡撰寫的一篇文章，談到過去發生的事情會影響我們對未來的觀點：「我們對人生的記憶一直在修改，因為我們的自我感覺一直在改變。我們持續從過往經驗中擷取新資訊，並以滿足目前需求的方式填補一些遺漏。」於是，在有意與無意間，我們用過去的資訊來重塑我們的現在或未來。

個人改造是我們因應人生變化、轉折點、關鍵時刻或只是在處理新資訊時，所採取的行動。哲學家祁克果對此有其精闢觀點：「我們以展望未來過日子，但從回顧過往了解人生」。汲取過去的經驗，更能了解未來。切記，只要還活著，我們的人生故事就會持續上演。

改造自己的七個秘訣

1. **重新啓動自己**。我們都有能力改造或重新啓動自己。我們經常爲汽車、電腦或音響之類的東西升級。你也應該重新啓動人生，展開下一個令人興奮的冒險。

2. **保持開放的心態**。生活充滿無限可能，讓你的夢想、目標和願望呼應你的熱情。你能夢想，就能實現。

3. **改變成自己想要的樣子**。列出你的個人改造清單，大膽一點。有什麼事情是你一直想做，但沒有勇氣去做的？放膽去做，追求目標，改變成你想要的樣子。

4. **回顧過往以展望未來**。畫出你的人生年表，每十年一個階段，以回顧的方式連結事件的來龍去脈，就會發現影響你自我改造的人生轉折點。

5. **兼職**。在大幅度的冒險以前，先兼職嘗試。全心投入以前，先試水溫。例如，如果你想當爵士歌手，可以先到週末俱樂部去表演，了解自己的臨場反應。

6. **掌握自己的命運**。別以景氣不好或就業市場差爲藉口來避免改造自己。你自己就有能力改變及創造新的現實。所以現在就行動，掌控自己

的命運。切記，行動從來沒有眞正的完美時機。

7. 自己寫成功的腳本。想像自己成功，發揮創意想像自己處在適合改造的心態。成功的人都會在內心事先預演，自己編寫成功的腳本，早在事情發生以前就先想好改變的情況。

++++ **本章摘要**

本章介紹產品「推陳出新」的過程，每家卓越的企業都需要不斷地重新定義，或改造產品與服務。在個人方面，每個人在不斷改變的人生中，也會經歷許多階段。公司有產品週期，人有生命週期。在人生的不同階段，我們需要不斷地重新定義或改造自己。人生中的關鍵時刻，深深影響我們達成目標、夢想、願望的能力。汲取過去的經驗，更能了解未來。只要活著，我們的人生故事就會持續上演。

> ## 反思時間

你上次為了實現目標、夢想和願望而改造自己是什麼時候？

譯註
4 一群活躍於一九五〇年代中期至一九六〇年代的藝人，包括法蘭克‧辛納屈、
小山姆‧戴維斯、迪恩‧馬丁、彼德勞福、喬依‧畢夏等人。他們常在賭城的
金沙飯店演出，讓金沙飯店遠近馳名，成為遊客競相造訪的地點。

Point 6

打 造 品 牌

打造個人品牌

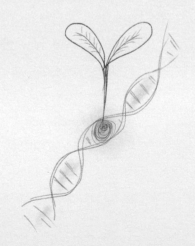

在整個人類歷史中，不會再有另一個你，每個人都是獨一無二的奇蹟。
——西班牙大提琴家、指揮家帕布羅·卡薩爾斯（Pablo Casals）

++++ **品牌核心**

　　十二點行銷計畫流程的第六部分，是討論企業品牌的打造。本章稍後會討論個人品牌的打造與管理。

　　打造品牌不光是企業流行語而已，創造一個真實的品牌是推銷公司產品及服務的核心。品牌塑造好了，客人就會上門。第十章我們會談到，無論是在事業或人生中，「東西賣出去以前，一切都不算數。」這句話也可以輕易改成新的行銷口號：「在品牌建立以前，一切都不算數。」顧客基本上都很迷信品牌，我們不是買運動鞋，而是買耐吉；不是買牛仔褲，而是買 True Religion；不是買智慧型手機，而是買 iPhone；不是騎摩托車，而是騎哈雷；不是買膠帶，而是買 Scotch；不是影印，而是用全錄（Xerox）；不是用棉花棒，而是用 Q-tips；不是買 OK 繃，而是買 Band-Aids。

　　公司的產品和服務可以輕易模仿，但真實的品牌無法輕易複製，因

為那存在顧客或用戶的內心深處。一個人可能把心愛的品牌融入自己的
DNA 裡，那是蘋果用戶如此死忠的原因。簡言之，真實的品牌可以提
供附加價值，提供顧客挑選它、而非他牌產品的明確理由——即使它比
較貴。

打造品牌的關鍵要素

公司打造品牌時，必須考慮幾項關鍵要素，這一切得從自我盤點，回
答一些內部／外部問題開始：

1. 我們是在哪個行業？（我們是誰？）
2. 我們主張什麼？（公司的核心價值是什麼？）
3. 我們哪裡與眾不同？（公司有什麼顯而易見的差異？）
4. 為什麼大家應該關注？（除了獲利以外，我們有什麼理念？）

你讓人產生的感受，和你做的東西一樣重要。

——BMW 電視廣告

創造心理占有率

　　眞實的品牌是訴諸情感，進而左右我們的購買決策。當品牌在顧客心中創造出心理占有率時，市占率就會隨之而來。需要我舉例嗎？蘋果有心理占有率，東芝沒有。哈雷有心理占有率，鈴木沒有。BMW 的 Mini Cooper 有心理占有率，三菱沒有。耐吉有心理占有率，Asics 沒有。亞馬遜有心理占有率，邦諾書店（Barnes and Noble）沒有。小型的 Godiva 巧克力公司有心理占有率，超大型的 Mars 巧克力公司沒有。Sub-Zero 冰箱有心理占有率，三星沒有。

　　NASCAR（納斯卡房車賽）是創造心理占有率的絕佳例子。在美國，第一大熱門運動是 NFL（美式足球聯盟），第二大運動不是棒球、籃球或高爾夫球，而是 NASCAR。爲什麼？因爲 NASCAR 的車迷非常投入，他們對自己喜愛的賽車手非常死忠，對車手的相關資訊瞭若指掌，幾乎把車手當成大家庭的成員。NASCAR 的車迷會千里迢迢去支持車手，彷彿是去參加家族大團圓一樣。車迷的高度熱情還會轉而支持車手代言及贊助廠商的品牌。

掌握品牌的風格與個性

公司的品牌故事是公司的組成要件，應該源自於真實的根源或傳統。在好萊塢，這稱為「背景故事」。艾迪·鮑爾創立同名公司，因為他到戶外探險時遇到大風暴，差點喪命。行星公司的環保居家清潔用品是史蒂芬·雅各（Stefan Jacob）創立的，他是漁民，因為他想讓加拿大的河川恢復潔淨。

真實的品牌會讓人馬上聯想到，也會深入潛意識裡。說到面紙，你自然會想到舒潔（Kleenex）；說到搜尋，你自動會想到 Google。事實上，google 已經變成動詞。當你上網買書時，你想到亞馬遜。當你想到超酷設計及簡單好用的創新時，你想到蘋果。這裡我再進一步舉例：當你想到波易斯州立大學（Boise State University）時，你會聯想到他們足球場的寶藍色人造草坪。那原本只是為了塑造與眾不同的差異，如今變成波大及其美式足球隊日益走紅的一大特色。

前面提過，卓越的品牌會在顧客的內心深處產生共鳴，最好的品牌通常會讓人產生死忠的情感，有號召行動的效果。例如，耐吉的口號「Just Do It」、安飛士的口號「我們更努力」、美軍的口號「充分發揮，全力以赴」、蘋果的口號「不同凡想」。

打造品牌的溝通關鍵

我們創立的品標行銷顧問公司（BrandMark, Inc.）為財星五百大企業、中型公司及新創公司規劃與執行過許多行銷計畫。根據經驗，我們發現公司打造品牌有四大溝通關鍵，卓越的企業都必然能夠兼顧。

這四大溝通關鍵是：

1. 名稱
2. 特色／效益／顯而易見的差異
3. 產品或服務
4. 獨特的行銷方式

我們從蘋果的個案及他們打造傳奇性品牌忠誠度的方式，來說明這幾個溝通關鍵的重要性。

1. 名稱：蘋果，象徵不斷進化的知識系統，令人聯想到牛頓和地心引力的發現。
2. 產品或服務：創新的酷炫產品，完善好用。
3. 特色：勇於創新，令人驚艷，無與倫比的人體工學設計，簡潔，禮

賓式客服。

　　4. 獨特的行銷方式：塑造一群死忠的果迷，和公司產生緊密的連結，蘋果用戶寧死也不肯更換品牌。

　　椰菜娃娃（Cabbage Patch Kid）也是兼顧這四大溝通關鍵的公司。這娃娃在外型、感覺或氣味上，都和其他娃娃沒什麼差異，卻連續兩年成為最熱門的聖誕節玩具，你要是買不到這種娃娃來送人，你就太遜了。

　　是什麼因素讓大家對這種娃娃趨之若鶩？很簡單。椰菜娃娃掌握了四大溝通關鍵。首先，它有個令人難忘的名字。第二，它有個獨一無二的特色：每個娃娃都有認養書。第三，這產品與眾不同的地方是，每個娃娃都有自己的名字。第四，也是最重要的一點，是娃娃的行銷方式：你不只是買椰菜娃娃，而是認養它！這讓椰菜娃娃的品牌從其他娃娃及玩具品牌中脫穎而出。

打造個人品牌

每個人順著不同的打鼓節拍行進。

——佚名

掌握你自己的品牌

你就像公司的執行長一樣,掌握著自己的個人品牌。當然,你不是蘋果,不是谷歌,不是耐吉,但你掌控的是更重要的品牌,那品牌叫作「我自己企業」(Me, Inc.)。個人品牌的打造,是一種對外展現個人獨特性的流程,它是以讓你脫穎而出的方式來包裝你的屬性和特色。本質上,你的個人品牌就是你的名片,展現你的主張,以及外界對你的屬性、技巧和價值的看法。你的聲譽應該呼應你的核心價值觀,例如誠信、忠實。你為他人做的事情,會影響你個人與專業的聲譽。品牌打造創造出一個舞台,讓你展現你是誰,以及你為他人創造價值的獨到之處。重點是:你想買績優企業的股票吧?那就投資全世界最有價值的「我自己企業」。

個人品牌必須呼應你的志業及人生目的,必須和你的天賦及貢獻一致。每個人都需要打造個人品牌,請自問以下幾個問題:

* 我對這世界有什麼正面貢獻?

- 哪些天賦、優點或特色讓我與眾不同？
- 想要讓大家對我的觀感，符合我對外界貢獻的價值，我該如何行銷自己？
- 我的名聲代表什麼？

> 如今的參天大樹，不過是往昔埋在土裡的堅果。
> ——英國作家大衛‧艾克（David Icke）

你代表什麼？

個人品牌的一大要素，是外界覺得我們代表的正面特質。例如，金恩博士代表種族平等；華特‧克朗凱（Walter Cronkite）代表新聞良知；喜劇演員鮑勃‧霍伯（Bob Hope）代表慰勞海外部隊的思鄉之情；魔術強森是大家眼中的籃壇名將，也是城市社群發展的推動者；東尼‧羅賓斯（Tony Robbins）是卓越的激勵大師；賈伯斯以領導力、創新設計、過人的產品行銷力著稱。

卓越的個人品牌可以創造出許多周邊價值。你的聲譽、獨到特質、技巧／天賦、成就等等，都是讓你有別於他人的原因。我的良師益友比爾‧鮑爾（Bill Ball）高中肄業，他最為人稱道的個人特質是誠信。他說：「君

子一言九鼎，說到做到，光靠天賦無法成功，但是結合天賦和誠信，永遠可以讓你從人群中脫穎而出。」

切記，個人品牌的打造是個流程，不是一蹴可幾的。個人品牌代表你日復一日的一貫作為，那些一貫作為讓人感受到你的真實價值與獨特性。不過，想讓人了解你個人品牌的價值需要時間，想要打造強大的個人品牌，你需要把焦點放在提供價值的事物上，和周遭的人培養信任的關係。信任向來不是自動出現的，需要長時間下工夫才爭取得到。

　　　　唯有平庸之才，永遠覺得自己已臻完美。

　　　　　　　　　　　　　　　　　　—毛姆（Somerset Maugham）

專注於特定領域

打造個人品牌的方式之一，是透過專業化或窄播（narrowcasting），亦即專精與縮小你是誰及你代表的事物，不要樣樣通、樣樣鬆，我稱之為「避免鬧鐘收音機症候群」。當你買鬧鐘收音機時，你很清楚那不是最棒的鬧鐘，也很確定那不是音質最好的收音機，所以千萬別當鬧鐘收音機！你應該挑選擅長的事物，全力以赴！

在商業上，歐洲和美國的最大差別在於，美國企業比歐洲企業專精許

多。歐洲有個高層職稱是「常務董事」（或譯董事總經理），這職稱在美國沒多大意義，因為那代表通才，不是專家。在美國，如果你的心臟有問題，你是看心臟科專家。如果公司需要扭轉頹勢，需要找企業轉型專家，而我自己則是品牌改造專家。

彼得‧孟托亞（Peter Montoya）和提姆‧梵德賀（Tim Vandehey）在《打響自己就一招》（*The Brand Called You*）中指出，專業化有幾個好處：

- 差異化。你憑幾項專長脫穎而出，而不是想辦法迎合所有的人（那就是鬧鐘收音機症候群）。
- 專業感。當你告訴大家你是某方面的專家時，他們自然會認為你在那個領域有特殊專長。
- 價值感。簡言之，專家可以開價較高，那有點像菜單上的招牌菜，如果你告訴大家，海鮮義大利麵是你的拿手好菜，大家不僅會點，也願意為你的拿手好菜付較多的錢。
- 效益容易理解。當你專注於少數幾個清楚的優勢時，個人品牌比較鮮明，大家更容易看出它的價值所在。
- 專注所長。當你專心做你喜歡又擅長的事物時，你會做得更好，獲利也可能更高。

孟托亞和梵德賀為個人品牌做了一個最佳註解：「你是獨一無二的，無論你的本質如何或做了什麼，你都是獨特的。當你把個性、熱情、經歷都融入品牌時，即使別人擁有和你一樣的技能和訓練，你還是會從市場中脫穎而出。」

盡顯獨特風華

　　我們在這裡暫停一下，稍微談一下獨特性。在第二章談「市場」的部分，我們提到找出優點。優點是強大或寶貴的特質，但是真正讓我們從人群中脫穎而出的是獨特性。獨特性讓我們以顯然不同的方式展現或炫耀優點。女神卡卡（Lady Gaga）是才華洋溢的歌手及詞曲創作者，但是她的獨特之處在於引人注目的舞台魅力。蘋果的賈伯斯不只是執行長，更是備受死忠用戶推崇的領導者。

　　個人品牌的打造類似企業品牌的打造，你需要站出去行銷你的獨特之處，盡顯獨特風華。我是一九八○年代初期造訪中國時，親身體會到這點，那是二十幾年前真正的「紅色中國」，當時還沒有可口可樂販賣機，沒有豪華飯店，是個充滿神秘與冒險的中國！

　　小時候我的夢想就是造訪世界七大奇景之一的萬里長城，但是我抵達長城那天，天氣很冷，氣溫零下十度，又吹著強勁的寒風，中國導遊強

烈建議我改天再上萬里長城。可惜，我隔天一大早就要回美國了，所以即使導遊一再勸阻，我還是決定在勁風酷寒中登上長城。

　　登上長城的過程令人熱血沸騰，我幾乎感受不到一絲寒意。那天我是唯一不畏惡劣天候上去的人，我本來是這樣想的，但事實上不只我一人，還有一位上了年紀的中國人，他自豪地戴著一頂破舊的 ABC 體育頻道鴨舌帽，說那是乒乓外交時代[5]獲得的東西，他就站在長城的頂端迎接我。他以標準的英文問我：「你喜歡你的頭髮嗎？」我馬上回應：「還好，為什麼那樣問呢？」他指著我獨特的莓金色頭髮說：「我告訴你吧，身為中國人又是黑髮，我屬於地球上人口最多的族群，世界上有20% 的人是中國人，人數超過十億。你呢，是屬於地球上最獨特的族群之一，每六十五萬人中才有一人是你那種頭髮，你應該盡情展現你的獨特風華！」接著他又突然說：「當然，我不只是指你的頭髮而已！每個人都有他的獨特之處。」

　　每個人都是獨特的，把你自己想成精雕細琢的藝術品，你不是單一尺寸的量產品，而是特別設計的珍寶，是原創的傑作，無法以任何代價複製。你不是「頗為」獨特或「有些」獨特而已，那獨特性是絕對的。如果我們不是獨特的，就沒什麼存在的理由了。如果我們每個人都一樣，這世界多無趣，大家都是複製人，世界也失去了色彩，就像以黑白電視觀看人生的一切輝煌一樣。作家約翰‧鮑威爾（John Powell）說得好：

「獨特的訊息等著你傳播，獨特的歌曲等著你高唱，獨特的關愛等著你給予。傳遞這訊息、這歌曲、這愛意的任務，是特別委託給你的，只有你能做到。」

鮑威爾講了一個故事，一個睿智的老師要求天眞的學生們走出校園，去找沒人注意的小花。接著他請學生把小花放在顯微鏡下，仔細研究葉脈和花瓣的色調，研究花朵的對稱性。他提醒學生，要不是他們發現及欣賞那朵花，它可能永遠也沒人注意或欣賞。接著，老師以花朵來比喻人，人就像花朵一樣，每個人都不一樣，都是精雕細琢出來的，更重要的是，每個人都有獨特的天賦。但是你需要花時間跟他相處才會了解他，所以世上有很多人沒有受到關注或欣賞，因爲沒人願意花時間欣賞他們的獨特性。我們的獨特性讓我們活在多元的世界裡，讓我們有機會欣賞周遭人物的互補能力及多元才華。

我在某家消費性電子公司任職時，某天，公司的行銷團隊規劃了一套新的行銷計畫，幫公司奪回失去的領導地位。在會議上，新來的財務長哀嘆行銷團隊不夠關注行銷計畫的財務面，我不解地看著他說：「如果我們行銷人員連財務面都要考慮周到，就不需要你和你的財務專長了。」財務長露出心照不宣的微笑說：「你們繼續討論吧，需要我時，我會幫忙。」

每個人都有獨特的天賦，可以貢獻世界。我們和其他物種不同，每個

人在某方面都是不同與非凡的，有不同的特質、背景、記憶、才能和特徵。這也是為什麼我們做墨跡測試時，有些人看到的是年輕的少女，有些人看到的是老婦人。有些人覺得酒杯是半空的，有些人認為酒杯是半滿的。

很多人熱愛葡萄酒的原因是，好酒可以帶我們重溫回憶，回想起某個獨特時點和某位特別人物分享的點滴，好酒讓我們回想起記憶深處的難得體驗。就某方面來說，酒如人生，每瓶都是獨特的，因為隨著酒在瓶內的熟成與演變，通常會年年不同。同一瓶酒也會隨著儲存方式及何時開瓶飲用而不斷改變。好酒就像人一樣會盡顯獨特風華，充分發揮潛力。

每個人都是特別的，都有其獨到之處。你的人生因為你是誰而別具意義。
——美國兩性作家芭芭拉・安吉麗思（Barbara DeAngelis）

看重你的獨特性

想要在人生中充分發揮，朝真正的志業或目的邁進，就應該重視我們的獨特性，這有幾種作法。第一，我們必須相信每個人都是不凡的。某次我問同事，他最怕什麼，他回應：「我人生中最怕的是平凡。」第二，我們需要清楚定義自己的獨特之處。什麼是我們最擅長的事，可為他人

增添價值？第三，我們需要接納與重視自己的獨特性，這樣才會更重視自己及自己的能力。

　　蘋果有個廣告歌頌每個人的獨特性，我暗示你幾個關鍵字：「這是獻給那些瘋狂的人們，他們特立獨行，桀驁不馴，惹事生非，格格不入……」那個廣告最後的結語是……「因為瘋狂到認為自己足以改變世界的人，正是做到的人。不同凡想！」所以你要有獨特性，敢於不同，讓世界因你而異。

　　即便只是小小的差異，也可以產生重大的意義。某天清晨，一位老人在海灘上散步，他注意到浪潮把數百隻海星沖上了岸邊。他看到前方遠處有個男孩把海星一一撿起來，丟回海裡。老人走向男孩，問他為什麼花那麼多精力，做這種看似浪費時間的事情。男孩回答：「讓這些海星留在岸上，在太陽的照射下，下午牠們就死光了。」老人凝視遠方說：「但是，海灘綿延數百里，肯定有數千隻海星在岸上，你不可能全部都拯救，只把幾隻丟回海裡，那有什麼差別嗎？」男孩舉起手中的海星回應：「對這隻來說，肯定有很大的差別！」

發揮影響力

　　我是行星公司的創始團隊成員，公司銷售的是家庭清潔用品，不僅主打環保訴求，清潔效果也極其優異。那些產品不只在健康食品店販售，也在 Gelson's、Vons、Ralphs、Safeway 之類的大型連鎖超市販售。

　　行星公司的原創辦人是史蒂芬·雅各和艾倫·史特德曼（Allen Stedman），他們開發出一種低敏感性的環保清潔配方，對水生生物無害，他們也從不拿動物來測試產品。這家公司是以微小的方式來發揮影響力，為地球盡一番心力。班傑利冰淇淋也是以自己的方式發揮影響力，他們除了賣冰淇淋以外，也把部分的獲利拿來行善，回饋慈善機構。

　　想要發揮影響力，你不需要是企業才行。每天，各行各業的人都在改變現況，我們周遭的消防員、警察、教師、醫護人員都是如此，他們每天都在改善世界。

　　更重要的是，發揮影響力沒有年齡限制，沒有年紀太小這回事。魁格·柯柏格（Craig Kielburger）十三歲時發揮的影響力，已經比我們多數人一輩子還多了。他看報時瞥見一篇報導，那篇報導描述一名十二歲的男孩逃離巴基斯坦的血汗工廠，之前他一直被銬在編織地毯的房間裡，每天被迫加班。男孩年僅四歲時，被父母賣到工廠當奴工，每天只賺微薄的三美分。

柯柏格看到那篇報導時相當震驚，這年代怎麼還有兒童受到那樣的對待？他深入探索問題，發現北美沒幾個組織鎖定這個議題。於是，他和一些朋友開始把問題傳真給世界各地的組織，兒童解放組織（Free the Children）就此成立。

柯柏格覺得他必須去那些國家探訪，看看那些遭到奴役的童工是什麼樣子。父母允許他和一位二十四歲的亞洲朋友一起去探訪印度、孟加拉、泰國、巴基斯坦、尼泊爾七週。他們去了很多地方，包括一家印度的煙火工廠，工廠裡的十歲孩童常因工廠缺乏安全措施而受傷、傷殘或死亡。

那次探訪之後幾年，柯柏格經營的學生組織有了長足的進展。他們促使全球媒體報導那些問題，並解放或拯救了數百位童工。柯柏格的組織也幫忙推廣手工織毯的行銷標章，以標章證明地毯不是童工製造的。

兒童解放組織在印度鄉間的六十所學校運作，他們也在南美建立或重建三十二所學校，提供產乳動物及縫紉機給貧困家庭，讓那些家庭不再需要依靠孩子的收入生存。柯柏格在努力的過程中，也會見了達賴喇嘛、教宗若望·保祿二世等世界領袖。

索希妮·茄卡波提（Sohini Chakaborty）運用她對舞蹈的熱情和天分，幫助印度的雛妓找回尊嚴和自尊。她以鼓舞人心的舞蹈動作作為心理治療的工具，幫那些遭到人口販賣及暴力的受害者學習表達喜悅、快樂和幸福感。她創立 Kolicata Sanved 公司（Sanved 在梵語中是「同

理心」的意思），在女性庇護所裡提供舞蹈課程。截至目前為止，這家公司已經幫助五千位以上的年輕女性找回自尊，回歸社群，其中有兩千五百多位以前是雛妓。

茄卡波提也訓練住在外部庇護所的女性變成舞蹈治療師，以大幅推廣這種療法。她的最終目標不只是教那些女性跳舞，也讓她們蛻變成更堅強的個體，以重新獲得的自尊，培養出更正面向上的精神。

南希・布琳克（Nancy Blinker）向來成就過人，也是人道主義者。她曾是美國駐匈牙利的大使，擔任多家知名企業的董事，也得過總統自由勳章。除了這些傑出的成就以外，她的最大貢獻也許是創立基金會，幫助療癒乳癌，以紀念因乳癌過世的姐姐蘇珊。該基金會推動「蘇珊・科曼為療癒而跑」（Susan Komen Race For A Cure）活動，在全球各地吸引了超過一百五十萬人參加。布琳克運用她的行銷專長，想出如今知名的「粉紅絲帶」，提醒捐助者那些不幸因乳癌喪生者的臉孔。布琳克後來也和企業合作，在企業的產品上展示醒目的「粉紅絲帶」。布琳克用這種公益行銷的技巧，來鼓勵企業響應人道使命。有什麼事情是你一直想做，以便幫助他人的呢？跨出第一步吧！

打造個人品牌的七個秘訣

1. **定義你的目的**。列出對你最重要的事物，接觸你的核心價值觀和你真正代表的特質。

2. **眞實爲上**。清楚了解你是什麼，不是什麼，打造代表眞實自我的聲譽。

3. **誠信生活**。說到做到，言出必行，坦承錯誤，記取教訓，繼續向前行。

4. **重視與盡顯你的獨特性**。記得你是獨一無二的藝術品，這世上沒有人跟你一樣。

5. **發揮影響力**。找出超越自己的理念，努力在世界上發揮影響力。

6. **專注於特定領域**。別想要迎合所有的人，專注做好你擅長的事，不要樣樣通、樣樣鬆，絕對要避免鬧鐘收音機症候群。

7. **行銷自己**。你需要踏入現實世界，行銷你的獨特性，別在此妥協，持續堅持你的核心價值觀。

++++ **本章摘要**

本章的重點是打造品牌，溝通關鍵是讓公司顯著不同或從競爭中脫穎而出的方法。

就像公司打造品牌一樣，個人也應該努力打造個人品牌，我們需要走出去推銷自己的獨特之處，包裝那些讓我們從人群中脫穎而出的個人屬性和特質。想要有強大的個人品牌，就應該認真考慮對他人做有益的事。

　　我們在第二章提到找出自己的優點，但是獨特性不只是優點，而是以顯著不同的方式展現優點，從而脫穎而出。

> **反思時間**

你有什麼獨特之處或顯著差異？你是否藉由幫助他人，發揮正面的影響力？

譯註

5　一九七一年日本名古屋舉行世界乒乓球錦標賽，美國乒乓球隊表達了訪問中國的願望，於是毛澤東決定邀請美國乒乓球隊來訪。美國的尼克森總統立即批准美國隊受邀。四月十日美國乒乓球隊抵達北京，那次訪問引起國際輿論的普遍關注，認為邀請美國隊訪華反映了中國領導人改善中美關係的願望。尼克森政府利用這次外交契機，宣布取消對中國的某些限制，於是大家稱此事件為中美兩國政府的「乒乓外交」。

Point 7

拓 展 範 圍

留 下 典 範

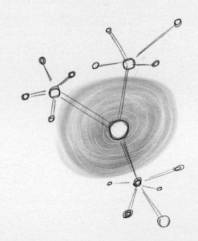

死後唯一跟著你的，是你留下的遺澤。

——約翰・歐斯頓（John Allston）

++++

在人生中，所謂發揮影響力，就是伸出援手幫助他人以留下典範。

套用行銷術語，「影響力」（reach）是你傳遞訊息給目標客群的媒介。加拿大作家馬歇爾・麥克魯漢（Marshall McLuhan）說過：「媒介即訊息。」總之，你用來廣播或對外傳遞訊息的媒介，和訊息本身一樣重要。

在一九九〇年代中期到末期的科技革命以前，多數公司只會選用驗證可行的傳統媒體（包括電視、廣播、報紙、雜誌、郵購、告示牌）。如今，傳統媒體需要和科技進步所帶來的新媒體整合起來。社群網站（例如臉書與推特）、部落格、使用者自製的內容（例如谷歌和 YouTube）把權力從公司手中移到了顧客手中。消費者運用網路上看似無限的社群來發聲，對一切事情表達看法（從公司的產品到客服，再到公司最近的行銷策略，大家都有意見）。

如今，當行銷人士想要掌控產品或服務的訊息時，顧客往往覺得那些訊息是偏頗的，只顧到公司單方面的利益。但是，當第三方上推特發訊，

寫部落格或上網評論時，大家覺得那內容比較可信。事實上，弗雷斯特（Forrester Research）的調查顯示，顧客覺得陌生人的購買建議，比公司在電視及平面媒體上的廣告還要中肯。

新社群媒體

　　你讀到這裡時，可能又有新的科技誕生了，提供促進社群互動的新連結模式，包括口碑行銷、更迅速的回應、立即取得公司的產品與服務等等。無論你喜不喜歡，公司都需要知道，以前只靠三十秒廣告或廣播活動來行銷的日子已經結束了。

　　社群媒體的演變，讓公司有機會和原有的粉絲深入交流，也和潛在的目標客群交談。新的媒體平台也讓品牌有機會迅速回應顧客的不滿。由上而下的單向交流確實早已消失，取而代之的是開誠布公的雙向交流，公司和顧客都很強調迅速回應、品質和價值。蓋瑞·范納洽（Gary Vaynerchuk）在《感謝經濟》（*The Thank You Economy*）裡主張，能夠善用社群媒體口碑的公司，將會脫穎而出，在日益演變的市場中獲利。

　　新科技往往會帶來迅速的改變。二〇一一年一月二十五日，全世界見證了第一次電子革命。一群年輕的埃及抗議者運用社群網路的威力，推翻埃及獨裁者穆巴拉克（Hosni Mubarek）的腐敗政權。他們用臉書、

推特、YouTube、部落格來分享共同合作的內容，讓埃及的示威者走上街頭，以十八天的時間推翻壓迫人民三十年的獨裁政權。年輕的埃及英雄威爾．戈寧（Wael Ghonim）是「2.0 革命」的策劃者，他透露了迅速但大致和平的革命秘訣：「我總是說，如果你想解放社會，就給我網路和臉書。」

隨著新科技不斷出現，我們必須持續自學。馬克．吐溫曾打趣地說：「我受過多年的學校教育，但我從未讓它阻礙我的教育。」在本書撰寫之際，美國有八成的人口上網。在網路時代的初期，網路是你閱讀瀏覽的東西，後來出現 YouTube 之類的平台以後，網路逐漸變成觀賞的東西。精裝版的百科全書都絕版了，如今谷歌每個月處理來自全球各地八百八十億次的搜尋。推特每個月接到一百九十億次的搜尋，雅虎九十四億次，Bing 四十億次。可惜的是，文情並茂的書信撰寫已經過時了，現在大家都是傳電子郵件、推訊（tweet）或簡訊，大家的英文程度每下愈況，真是悲哀！我們的媒體迅速從家庭中心轉向 iPhone 和 Android 等智慧型手機，以及 iPod 和 iPad 之類的行動裝置。別忘了，如今幾乎任何事情都有相關的應用程式（app）。

現在要是沒有臉書帳號，就像二〇〇〇年沒有網站一樣。臉書用戶的數量以倍數成長，目前全球每十二人中就有一人有臉書帳號。臉書上有七十五種以上的語言，龐大的用戶裡還不包括中國（有近五分之一的全

球人口），不過中國應該很快就會解禁了。臉書的用戶人數已經超越美國、印尼、巴西的人口。用戶經常在上面向朋友推薦產品和服務，電子行銷商的研究資料顯示，有七成的臉書用戶表示，朋友的推薦會大幅提升他們購買某產品或服務的機率，難怪美國幾乎每個企業都加入臉書的行列。

新媒體革命的一大特質是病毒行銷，那是充分運用社交網路，來大幅擴充品牌知名度及業績的技巧。「病毒行銷」的說法，源自於資訊像病毒般擴散的性質。你可以把它想成連鎖效果，一個人把你的獨特產品、服務或品牌介紹給其他人。最廣為人知的病毒行銷之一，是漢堡王推出的〈聽話雞〉（Subservient Chicken）影片，點擊率超過兩千萬次。耐吉推出的〈最有價值玩偶〉（most valuable puppet）影片，是由 NBA 的超級球星勒布朗‧詹姆斯（LeBron James）和科比‧布萊恩（Kobe Bryant）的玩偶主演，也是收到廣大的回響。全錄公司推出〈讓我們道謝〉（Let's Say Thanks）的廣告活動，讓顧客傳送數千則感人肺腑的訊息給海外服役的美軍。

如今，企業比以前更需要聆聽顧客的需求。讓顧客參與交流的最好方式之一，就是規劃社交媒體活動。以下清單教你如何處理社交媒體市場的關鍵要素。覺察公司（Awareness, Inc.）擅長幫客戶開發社群媒體的軟體，以下要素大都是受到他們的啟發。

採用社群媒體行銷的關鍵要素

1. 邀請顧客回應：和你的市場交流。

2. 激發熱情：創造推廣大使。

3. 避免「非我所創」（Not Invented Here）的心態：讓顧客參與產品規劃流程。

4. 鼓勵投票：讓顧客排名他們最喜歡及最不喜歡的功能和效用。

5. 打造死忠的社群：打造死忠的會員俱樂部，獎勵會員的忠誠度。

6. 開發互助社群：讓用戶協助彼此解決問題。

7. 建立會員制：讓用戶多付一點錢成爲會員（例如 ESPN 的 Insider），參與更深入的交流。

8. 規劃有趣的企業活動：製造話題，維持熱度。

整合傳統與新媒體的策略

有人可能會輕易主張，透過新媒體拉近顧客交流，比透過受創的舊媒體來打廣告還要管用。不過，整合新舊媒體以獲得最大的曝光度，顯然對公司最有利。畢竟，不是每個人一天到晚都掛在網路上或螢幕前。有些公司可能會迴避社群媒體行銷，因爲他們擔心無法掌控訊息，這就誤

會大了。整合傳統媒體和社群媒體以後，你還是可以主導核心訊息的傳遞方向，同時提供顧客舞台，讓他們參與並和親友分享意見。簡言之，即使你不完全掌控企業訊息，你還是可以引導企業訊息的方向。

雖然新社群媒體可以加快訊息的傳播，但它有個潛在的缺點：大家不見得會以你預期的正面觀點來看待那訊息，這就是傳統行銷發揮效用的地方了，它可以為資訊奠定重要的基礎，引導它在社群網路上的流通。整合傳統媒體和新媒體可以讓訊息變得更清晰，增加傳播的頻率，也讓兩者產生加乘效果。

新舊媒體孰優孰劣的爭論存在已久，也毫無意義。關鍵在於平衡社群媒體的自由互動和傳統媒體的一貫訊息。兩者整合得宜時，可以創造出兩全其美的效果。湯姆・康尼夫（Tom Cuniff）在《媒體部落客》（*Media Blogger*）裡提到：「媒體不該再分新舊了，電視是我們坐下來休息時，期待獲得娛樂的『觀賞』媒介。數位媒體則是『做』的媒介，通常我們想在那上面完成事情。」康尼夫建議我們別再拿新舊媒體相比，應該思考如何創造意見反饋的迴路，使 1 +1 = 11。

高收視率的電視選秀節目《美國偶像》就是結合新舊媒體的絕佳例子。它是傳統媒體，因為它是在福斯頻道（Fox）的黃金時段播放，它也是社群媒體，因為它吸引許多觀眾下載、發推訊、寫部落格和討論，讓收視率進一步攀升，提高大家對節目的興趣。《美國偶像》整合新舊

媒體，變成媒體現象，遠遠超越單純的電視節目。

新科技的最大風險，不是機器開始像人類一樣思考，而是人類開始像機器一樣思考。

——佚名

愈連接愈脫離

　　現在或許是自問以下問題的恰當時刻：新科技的湧現，大量的螢幕、谷歌、YouTube、智慧型手機、電子郵件、推訊、聊天室和部落格，究竟是有史以來最棒的工具，還是占用我們時間，弱化我們心智和心靈的東西？威廉·鮑爾斯（William Powers）在《哈姆雷特也愛瘋》（*Hamlet's Blackberry: A Practical Philosophy for Building a Good Life in the Digital Age*）裡提出了這些問題。他在書中談到連接的難題，數位裝置以多種方式豐富了我們的生活，但是我們愈連接，似乎愈脫離真實世界，變得更難找到安靜的空間以及面對面的特殊時刻。新的連接型態似乎剝奪了我們近距離接觸及個人的時間。螢幕和數位裝置可讓我們完成無數的任務，但是過程中也失去了一些良好的人類價值，亦即所謂的「深度」—人生讓我們有機會親近、快樂參與的純粹樂趣。過去十年，手機的銷量

從五億支暴增至五十億支以上，我們需要在螢幕和深度之間拿捏平衡。這裡有個驚人的統計數據：尼爾森公司（Nielsen Company）的報告指出，二〇一〇年美國青少年每個月平均接收 2272 則簡訊！我不知道這對孩子的寫作技巧是否有幫助，我是挺懷疑的。另一種以正面觀點來看這數據的方式是，我們正在創造新的全球語言，孩子用來發簡訊和推訊的數位符號是全球通用的，無論你是在美國、印度、印尼、英國、菲律賓、韓國或肯亞。

自從麥克魯漢提出「媒介即訊息」以後，我們就努力在人類體驗的深度和科技之間追求平衡，但是在如今步調飛快的數位世界裡，我們可能需要為自己做數位排毒以恢復平衡。我們不想要過於工整排列的世界，不希望因此失去人類體驗的深度。以下是一些想法，可以幫你拿捏那微妙的平衡：

- 找出你偏愛的地點或寧靜區，以恢復內心的平靜。那地點可以是在家裡、花園或寧靜的木造小屋。
- 讀一本真正的書：傳統的紙本書，有裝幀和書頁可以翻閱的。
- 宣布一日或週末不碰螢幕，好好陪伴家人。
- 不帶 iPhone、Android 或黑莓機去散步。
- 一天安排兩次收發電子郵件的時間。

- 不帶手機去看球賽，別看球場上的大螢幕，直接看現場的比賽，那應該是你去球場的原因。

雖然社群媒體可以幫我們「走出去」和他人接觸，避免無聊及不確定年代的憂鬱心境，但是我們不該以數位影音來取代真實的互動，你應該善用優質時間，讓真實自我和他人共處。

<blockquote>
施者得福，受者回饋。
—— 美國新聞工作者羅恩·薩斯金德（Ron Suskind）
</blockquote>

在商業上留下典範傳承

留下持久的典範傳承是所有的優良企業應該努力達到的，在商場上留下典範傳承有幾種方法：

- 營造社群感。公司接觸目標客群及留下企業典範的一個有效方法，就是創造社群感。這可以藉由會員方案達成，提供忠誠的顧客較高的折扣、特殊禮物、更快速的服務，以及其他的獨家產品。擁有會員資格可享有明顯的優勢，航空公司的累計里程活動就是一例。你飛得愈多，累

積的免費里程數愈多，排隊等候的時間可以縮短。美國運通（American Express）成功打造了一個線上社群，鎖定目標客群，也獲得他們對產品與服務的意見。

● 事件行銷。規劃完善的活動也可以對外打造社群，培養目標客群的忠誠度。事件行銷也可以是間接的，例如贊助體育活動、時尚秀、辣椒烹飪比賽、選美比賽，或其他和品牌形象及目標客群一致的活動。這也是你會看到那麼多啤酒廠商為二十一到三十五歲族群贊助戶外活動的原因，包括排球賽、巡迴演唱會、足球賽、NASCAR 賽車等等。

● 接觸目標客群以外的人。好公司的接觸範圍應該延伸到媒體及忠實會員之外，參與社交、慈善、社群活動，以接觸廣大的社群。這是輿論話題迅速發燒的年代，公司比以前更需要成為優秀的企業公民。許多頂尖的公司是以慈善捐助、成立基金會、建立社群或推出慈善活動等方式，來克盡企業公民的責任。這些捐助、基金會或活動通常是支持公司領導人與企業文化認同的理念。

● 媒體、事件贊助、會員資格可以塑造社群感，提升品牌忠誠度。如今公司逐漸把眼光拓展到獲利之外，他們發現改善世界或社群也一樣重要。公司透過贈與、基金會、其他善盡社會責任及推廣慈善的活動來規劃「公益行銷」，不僅可以接觸到顧客，也可以接觸到全世界的社群。公司如此改善他人的生活時，不僅培養了負責的企業文化，也留下了典範。

留下典範

人死留名。

——艾力克·艾瑞克森（Erick Erickson）

在有生之年留下典範

本書稍早之前提到，真正的成功總是和關懷他人有關。我們提到愛默生為成功下的廣義註解，也提到成功在於創造更多的意義，而不是賺更多的錢。就個人層面來說，影響力是指竭盡所能以行動來改善世界或幫助他人，亦即運用自己的專長，創造正面的連漪效應以幫助別人。人生也可以比喻成回音，我們往往在付出之後收到回報，有時候收到的回報遠比我們付出的還多。

就像企業回饋社群以拓展影響力及留下典範一樣，好的人生計畫也需要伸出援手，幫助他人改善生活。如果你可以把你做的好事延伸出去，對他人產生正面的效益，那就是在打造典範傳承。典範的打造不是靠機運，而是一種個人選擇，是你主動去關懷他人，幫忙改善他們的生活。那不是為了幫自己爭取更多，而是想幫周遭的世界爭取更多。作家赫爾

曼‧梅爾維爾（Herman Melville）解釋：「我們不能只為自己而活，我們和他人之間有千絲萬縷的關聯，其中有一些是基於同情，我們的行動是因，他人的反饋是果。」

我們留下的典範傳承就像火炬，代代相傳，那是終極的影響力。它賦予人生意義，在死後仍留下遺澤。典範讓我們留下曾經在世的遺跡，無論多微小。就某種意義來說，典範是個人歷史的一大部分或一小部分，留下典範是一種利人利己的事，不僅滿足他人所需，自己也感到充實圓滿。在給予他人價值的時候，自己感覺更有價值了。格倫‧揚－普雷斯頓（Glenn E. Young-Preston）在啟發人心的著作《慈善傳承》（*Philegatia: Living a Vision, Leaving a Legacy*）中，一語道盡了典範傳承的真諦：「那是施予者變成受惠者，受惠者變成施予者的實例。」

衡量一個人，不是看他的事蹟，而是看他留下的典範傳承。
——史考特‧舒克（Scott Shuker）

很多人覺得典範傳承是我們辭世後留下的東西，事實上，你必須在生前就奠定基礎，才能在死後留下遺澤。這裡可以套用一個比喻，竹子栽種的頭五年，幾乎沒什麼成長，之後便以每天兩呎半的速度竄高，連續六週，可以長到九十呎那麼高！竹子的成長不需要魔力，最初五年，它

在土裡努力扎根，根長數哩，地面上的成長一開始不明顯，但是未來成長所需的基底已經打好了。活著時打造的典範傳承就像剛開始成長的竹子，不會一夜成形，需要在你有生之年長期地雕塑。你的典範傳承是由你在世時的成就及代表的價值觀組成的，例如甘地在世時為印度尋求非暴力的獨立；甘迺迪在世時沒看過人類上月球，但是他活著時有那遠見放膽思考；金恩博士的夢想目前仍在實踐的過程。總之，你的典範傳承等於你生前實際經歷的總和。我仍然可以聽到愛默生的話語在我耳邊迴盪：「知道一個生命因你的存在而活得更加惬意，那就算成功了。」切記，你的人生就是一個傑作，你現在做的好事對他人有正面的漣漪效應，你應該現在就留下典範足跡。

> 今生所為，成就來世命運。
>
> ——華理克

塑造個人的典範傳承

個人的典範傳承可以有幾種不同的形式。

養育孩子：看著孩子在身邊成長，總是帶給我們很大的樂趣，我們看著孩子發展出類似我們的個性或樣貌。當你停下來思考時，會發現孩子

的人生、成就、對社會的貢獻，都和我們的典範傳承有密不可分的關係。孩子的成功讓我們欣喜，孩子的挫折令我們感同身受。

不過，切記，這世上沒有書面保證，確定孩子一定以正面的方式反映你的價值觀。虎父無犬子並非必然，別逕自預期孩子繼承你的衣缽，或是跟你有一樣的價值觀。你需要靠自己留下典範傳承，別寄望孩子替你活出一番成就，那樣做肯定會大失所望。

某個家庭有個代代相傳的古董花瓶，已經傳了好幾代，是單純放在壁爐台上觀賞的珍寶。某天，父母回家時，十幾歲的女兒在門口等候，女兒說：「爸媽，你們知道那個代代相傳的古董花瓶嗎？」

「知道啊，怎麼了？」父母問。

「呃……我們這一代剛剛把它摔破了。」

我自己覺得，有時候我們要求孩子或孫子延續我們的典範、傳統或其他重要的利益（例如在我們過世後延續家業的蓬勃發展），那其實是很大的壓力。即使你的直系血親接下了你傳遞的火炬，他們也不見得會把同樣的火炬帶到未來。生命週期的本質決定了每個世代各不相同，這些不同會帶來改變。不過，有一點是千真萬確的：好的典範傳承可能流傳世世代代，讓世界變得更好。

工作：對很多人來說（尤其是沒有孩子的人），工作往往是創造典範傳承的最重要方式。每個人都希望自己的工作獲得肯定與欣賞，不論你

是企業高管、醫生、律師、設計師、科學家、作家、卡車司機或清道夫。好的建築師希望設計出不朽和持久的建築；醫療、教育、社工領域的人士希望他們的工作可以為後代創造豐富人生。坦白講，我們不可能贏得超級杯或諾貝爾獎，但我們把工作做好確實有正面意義。

說到有意義的工作，我總是想起我姐姐凱倫，她是護士，很多人都說她是「仁慈天使」，她經常照顧絕症病患，讓他們在尊嚴中辭世。她就像其他慈悲的醫護人員一樣，為病人提供身心的慰藉。慰藉有很多種不同的形式，有時她只是靜靜地聆聽病人，有時她幫病人把床弄得舒服一點，或是把枕頭弄得鬆軟一點，把室內的燈光調亮或調暗一些。最重要的是，凱倫說：「讓病人在祥和與安適的狀態下辭世」。讓重症病患相信好事會發生。她說，幫助他人的關鍵「在於自己不怕死」。凱倫留下的典範傳承就像很多護士一樣，是為了提供尊嚴與安適感給最需要的人。

《夢幻成真》（*Field of Dreams*）的編劇菲爾·艾登·羅賓森（Phil Alden Robinson）獲得奧斯卡獎提名，但沒有得獎。在電視訪問中，記者問他沒得到奧斯卡最佳編劇獎是否感到失望，他回應，他已經贏得自己的奧斯卡了，因為他收到數百封來信告訴他，他們因為那部電影而和父親重修舊好。

人生因奉獻而富足。

——法國女演員莎拉・伯恩哈特（Sarah Bernhardt）

慈善理念／回饋社群：班傑利冰淇淋公司成立班傑利基金會，他們的使命是努力消除導致環境與社會問題的原因，讓世界變得更好。除了這個遠大的使命以外，班傑利公司也在採購方面落實對社會有利的理念，他們認為公司可以透過日常的營運決策來驅動社會變革。例如，向有環保與社會概念的廠商購買牛奶與奶油。另外，班傑利也推動「合作夥伴」計畫，讓各地社群內的非營利組織擁有與經營班傑利冰淇淋專賣店。這種回饋社群的例子，完全符合一九六〇年代公司創辦人推動的行動主義文化。

我們的典範傳承不只包括捐錢，也包括為我們認同的理念投入時間。這些理念可能有以下幾種：

- 保存歷史與他人的典範傳承
- 推翻種族障礙
- 保護環境
- 讓病人歡笑
- 為內城區的貧困社群做出貢獻

- 在世界各地擔任和平與自由的推廣大使
- 提倡與提升藝術活力
- 致力為某種可怕的疾病尋找療法
- 幫罹患絕症的孩童體會夏令營的樂趣

　　以後大家對史蒂芬‧史匹柏的記憶，可能不僅是奧斯卡獎的贏家，還有他透過影片為大屠殺倖存者保存下來的東西。一九九四年，史匹柏拍完《辛德勒的名單》後，創立「SHOAH 歷史真相基金會」（Survivors of the Shoah Visual History Foundation）。該基金會的使命是錄影、收集、保留大屠殺倖存者及目擊者的見證。在本書撰寫之際，SHOAH 基金會已經收集了五十七國、三十二種語言共五萬多筆的目擊見證。基金會也致力推動全球有效運用他們的檔案資料，投入教育用途。基金會目前仍然持續進行採訪，不過目前的重心已經轉移，變成為見證內容摘要編目，以便開放全球讀取。史匹柏善用其才華，落實了更遠大的理念。

　　傑基‧羅賓森（Jackie Robinson）是優秀的全能運動員，也是入選名人堂的棒球選手，不過他真正留下的典範，是他為後世披荊斬棘所留下的道路。一九四七年，他加入道奇隊、擠進大聯盟時，創下了歷史性的一刻，終結了數十年來大型職業球賽對少數族裔的歧視。不過，羅賓森留下的典範明顯超越了棒球，他後來成為坦率直言的民權運動領導者，

有社會責任感的企業高管、公僕，以及美國政壇上的重要人物。

　　一九七三年羅賓森過世一年後，其妻瑞秋成立傑基羅賓森基金會，繼續推動羅賓森爭取的人性尊嚴，支持少數族裔上大學，幫助貧困的青少年發揮潛力。基金會充分延續了羅賓森一輩子體現的勇敢領導力。

　　已故的保羅‧紐曼（Paul Newman）留下的典範傳承，不只是超級巨星的身分而已，他的公司「紐曼私房」（Newman's Own）販售許多商品，包括沙拉醬、義大利麵醬、爆米花，甚至狗食。公司所有的稅後淨利全數捐贈慈善機構，至今已捐了三億美元以上，贊助多項慈善理念，包括幫助重症幼童的「沃岡營穴」（Hole in the Wall Gang Camp）、幫助毒癮者及酒癮者戒癮的「史考特紐曼中心」（Scott Newman Center，以紀念因吸毒過量而早逝的獨子）。紐曼私房公司也積極投入非洲的教育及乾旱救濟計畫。

　　紐曼的沃岡營穴是非營利的宿營區，巧妙地設計成西部拓荒前的藏身之處，位於康乃狄克州的西北部。每年有十三萬五千名以上的癌童或罹患嚴重血液疾病的孩子來紐曼的十一個營區體驗，一切免費。這些營區體驗讓孩子有機會結交朋友，享受樂趣，恢復童年的感覺。

　　紐曼的遺澤靠著紐曼私房公司的營運持續傳承，他在世時常提到行善的感覺：「富足者應該伸手援助匱乏者，依舊是人類特有的概念。」

　　同樣的，嘻哈教父羅素‧西蒙斯（Russell Simmons）深信嘻哈音樂

是鼓舞人心的強大力量，他擔任幾個非營利組織的會長，推廣財金知識及年輕族群積極參與投票的必要。西蒙斯認為，嘻哈音樂可以幫人落實美國夢，他表示：「我希望對社會的貢獻，比我取之於社會的還多。」同樣的，搖滾天團 U2 的主唱波諾（Bono）運用他的超級影響力，讓大家關注世界各地的貧困，並針對非洲各地激增的愛滋病情做出更廣泛的因應。

指導後進：指導後進是人生的崇高志業之一，尤其是對接近中年或步入中老年的人來說。指導後進的滿足感，是來自於你幫他人充分發揮潛力的樂趣。

指導者付出了自己，但他們也從分享知識與技巧以及看到他人的成長中，獲得極大的滿足。愛默生說：「生命中最美的回報之一，是真誠地幫助他人總是會幫到自己。」指導後進不是為了實現自己的夢想，而是為了幫他人實現夢想。小心，別雞婆想要指導不希望被指導的人！那結果可能會比較像《窈窕淑女》（*My Fair Lady*）裡的亨利希教授 6，而不是《最後 14 堂星期二的課》（*Tuesdays with Morrie*）。這世上有很多人渴望獲得你的智慧與專業知識，你應該大方地接納他們。當他們需要你時，就給予協助。

我自己這輩子也遇到很多貴人，他們幫我充分發揮潛力，只有在絕對必要時才拉住我（以免我犯下愚蠢的錯誤）。我在摩托羅拉的貴人是艾

德‧瑞維（Ed Reavey），就是他教我商業面的十二點行銷計畫原則。我的另一個貴人是唐‧曼瓦齡（Don Mainwaring），他教我如何把那個計畫應用到人生上。這兩位貴人給了我這本書的原始基礎，我問他們如何回報時，他們都說：「指導其他人就是最好的回報。」

日常行善：即使是小事也別具意義，每天做很多善事也可以留下典範傳承，那可能只是小事，例如騰出時間聆聽他人，在某人有難時給予友情的支持，或是讓某人發笑，暫時忘卻痛苦或病痛。那也可能是你和其他人都認同的價值觀，投入捐獻箱裡的零錢，或是打電話給生病中的姑媽。典範傳承不見得是創造永垂不朽的歷史或青史流芳的成就。

在聖誕經典《風雲人物》（*It's a Wonderful Life*）中，我們看到戲裡詹姆斯‧史都華（Jimmy Stewart）飾演的喬治‧貝禮的確有美好的人生，因為他每天做的小事，以有意義的方式感動與影響了其他人的生活，這部美好的聖誕經典電影提醒我們，每個人的人生都很重要，尤其是對其他人的人生有正面影響的時候。

一人對石堆靜思，腦中浮現大教堂的圖像，石堆就不再是石堆了。

——聖修伯里

尋找更崇高的意義

看看你做的事，從中尋找更崇高的意義。這讓我想起兩位砌磚匠的故事。一位記者四處採訪大家的工作內容，他遇到一位砌磚匠，問他整天都做什麼。「你沒看到嗎？」砌磚匠說，「我把土、水、麥稈拌在一起，每天砌磚十四個小時，有時我覺得無聊，也會把土、水、麥稈拌在一起，只為了排解砌磚的重複感。」記者又去找另一位工人，他顯然也在做一樣的工作。「抱歉打擾一下，請問你在做什麼？」

「你沒看到嗎？」那工人大喊，「我在幫全球最美的教堂打地基。」

他們都是砌磚匠，但其中一人把工作放在比較有意義的情境中，他是在蓋教堂，不是只在砌磚。

蘋果的創辦人賈伯斯想延攬百事可樂的總裁約翰・史卡利（John Sculley）加入蘋果時，他是訴諸更高的使命感和典範傳承。史卡利問賈伯斯：「為什麼我應該離開百事可樂這個好工作？」賈伯斯直視著他回應：「你想一輩子賣糖水，還是想改變世界？」當然，賈伯斯當時談的，是他自己的夢想：讓每個人的家中都有個人電腦。鼓舞人心的作家蓋伊・川崎指出，像賈伯斯、布蘭森、貝佐斯那樣迷人的人物，他們銷售的不只是產品和服務而已，他們賣的是夢想。川崎表示：「迷人者推銷他們的夢想，那夢想可能是更好的未來，更酷的社交，更乾淨的環境，更刺

激的駕駛經驗，或出版業的未來。」

用錢有術才是有錢的好處。

——富蘭克林

　　就連銀行也可以把意義提升到另一個層級。穆罕默德・尤努斯（Muhammad Yunus）因創新推出「微型信貸」這種全新的銀行類別，而贏得諾貝爾和平獎。這種創新的銀行概念是放款給沒資格向一般銀行貸款的窮困者，那計畫幫助了數百萬孟加拉人（主要是婦女），讓他們有錢買各種物品（例如漁網、手機、牲畜等等），做小生意。人人都有資格申請貸款，平均額度約兩百美元，那小錢可以幫很多人脫離貧窮，同時大幅提升他們的自尊。尤努斯也在其他國家幫忙推廣類似的微型信貸組織，幫窮人培養自力更生的精神。

　　尤努斯指出，微型信貸的策略正好和傳統的銀行相反，傳統銀行通常只放款給最不需要資金的人，他指出：「如果銀行放款給富人，我就放款給窮人。如果銀行放款給男人，我就放款給女人。如果銀行需要簽很多文件，我們連文盲都很歡迎。微型信貸計畫證明，只要你讓人有機會加入社群謀生，他們就會尊重與珍惜那機會，因為他們也是一分子。」

　　就我個人來說，寫這本書的主要動機雖然比不上諾貝爾獎得主，但我

也是想要對社會有所回饋。如果我指導公司朝正確方向運作的行銷計畫流程，也可以用來幫助他人，我會覺得自己對他人有正面的影響。寫這本書是我貢獻社會的方式，也許貢獻很小，但那是我的部分傳承，是爲了幫助和我展開同樣旅程的人。也許我在世時留下的部分傳承是創造意義，也創造獲利。

布朗森在暢銷書《這輩子，你該做什麼？》中提到他對典範傳承的看法：「我們想知道自己朝哪個方向邁進一那不是想破壞驚喜而壞了結局，而是想確定結局出現時不會太膚淺。希望到時候我們已經完成任務，不枉費來到人世走這一遭。」

我們藉由幫助他人，把火炬代代相傳。現在就開始對你的周遭做出貢獻吧，當你那樣做時，就有可能留下典範傳承，在你離世後依舊長存。

在有生之年留下典範從不嫌遲，也不嫌早。摩西奶奶（Grandma Moses）七十六歲才開始畫畫，相對的，曲棍球金童席德尼·克洛斯比（Sydney Crosby）從七歲就開始練習簽名。

打造典範傳承的七個秘訣

1. **定義你的核心價值觀**。決定你代表什麼，不代表什麼。

2. **定義什麼最重要**。找出超越個人的遠見或目的。

3. **寫自己的墓誌銘或訃文**。你希望將來大家記得你什麼，你希望誰記得你？

4. **找出你的典範傳承將來自何處**。有時是歷史造英雄，不過一般人的典範傳承大都是來自四個領域：家庭、慈善捐助、日常行善、工作。找出特定的領域，落實典範。

5. **找出更崇高的意義**。了解你的基本技能，做你擅長的事，像砌磚匠那樣以更崇高的遠見來看待你的工作。

6. **看勵志電影**。想了解你將留下什麼典範傳承，有一個好方法，那就是看一場激勵你幫助他人的電影，例如《攻其不備》（*The Blind Side*）、《當幸福來敲門》（*The Pursuit of Happiness*）、《辛德勒的名單》、《甘地》、《風雲人物》、《紫色姐妹花》（*The Color of Purple*）可能會給你一些啓發。

7. **創造漣漪效應**。想像你的善行和核心價值在你離世後可爲很多人增添價值。

++++ **本章摘要**

第七章探討公司用來接觸目標客群的傳統媒體及新的社交網路媒體。除了媒體之外，卓越的公司也會以參與社群、捐助慈善機構、成立基金會以支持特殊理念等方式，來拓展影響力。公司透過這些善行來接觸顧客及社群。

至於個人方面，真正的成功總是和關懷他人有關，亦即以你擅長的事物來改善世界。終極的個人影響力是在世時就留下典範傳承，典範傳承就像火炬，代代相傳，為我們留下一點個人歷史。留下典範傳承的方式有幾種：養育孩子、回饋社群、工作、指導後進、日常行善。無論我們做什麼，都需要關懷他人，才能創造更大的意義或目的。在有生之年留下典範傳承從不嫌遲。

萬一你明天就死了，會留下什麼典範傳承？你對那傳承滿意嗎？

譯註
6 亨利希想把來自社會底層的賣花女伊萊莎訓練成氣質高雅的窈窕淑女。

REAWAKENING

the creativity within you

Point 8

打造影響深遠
的廣告活動

重新喚醒
內在創意

每個小孩都是藝術家，問題是長大後如何維持那藝術天分。

——畢卡索

在人生中，這個部分完全和重新喚醒及充分發揮每個人與生俱來的創意有關。在商業上，則是指公司如何以誘人的方式，清楚地向目標客群傳達核心理念。

有效的廣告主要是靠行銷計畫流程的前七項打造出來的，那廣告讓公司對目標客群展現一貫的訊息，在消費者心中留下持久的印象。

關於廣告和創意部分，你需要知道的最重要一點是：這是行銷計畫流程的第八步，不是第一步。很多公司想從這點先做起，但是你不能從廣告活動開始規劃行銷計畫。卓越的廣告活動是由前七項規劃步驟自然衍生出來的。你可以把行銷計畫流程想成交響樂，每部分都攸關整體的成敗。

卓越的「廣告」活動具備七個關鍵要素：

1. 遠見：鎖定簡潔、清楚的目的，從而看到最終結果的能力。
2. 創意：創造有明顯影響力的訊息。

3. 呈現的動態：重點不是你呈現什麼，而是你呈現的方式。

4. 影響所及：以最有效又有效率的方式，傳播訊息給目標客群。

5. 頻率：預算許可下，盡可能地強力放送，增加印象。

6. 整合傳統媒體和新媒體，以創造正面的口碑行銷。

7. 行動：別誤會，任何卓越的廣告活動，最終目的都是要讓人採取行動，購買你的產品或服務。廣告傳奇大衛‧奧格威（David Ogilvy）曾說：「賣不出去，就沒有創意。」

經典廣告

策略性的廣告可以創造出全新的品牌類別。鮑勃‧加菲爾（Bob Garfield）從他的百大廣告清單中舉了幾個經典例子。在戴比爾斯礦業公司（DeBeers）想出「鑽石恆久遠」這個概念以前，大家沒想過鑽石與浪漫及婚禮之間的關聯，更別說是把它放在心底了。幾年前，可麗柔（Clairol）染髮劑以「她有沒有……？」（Does she, or doesn't she?）的廣告一戰成名。在六〇年代性革命期間，那問句格外引人遐想，即使廣告只是在談染髮劑，最後是以經典的廣告詞作結：「只有她的美髮師知道。」

福斯汽車（Volkswagen）推出「想想小的好」（Think Small）廣告

時，其實想得可大了，那廣告在美國開創了全新的小型車類別。美樂啤酒（Miller）的「爽口，不漲」廣告開創了全新的淡啤類別。

　　近幾年來的例子，像是蘋果的「換台麥金塔」（Get a Mac）系列廣告，直接挑戰微軟的市占率。這些有趣廣告的妙點在於選角，代表麥金塔的傢伙賈斯汀・隆（Justin Long）展現出年輕版賈伯斯的酷潮模樣。代表PC 的傢伙約翰・哈許曼（John Hodgeman）看起來像個胖宅男，有各種微軟作業系統的問題。蘋果藉此廣告打造出酷炫悠閒的形象，同時無情地嘲諷落伍的敵手微軟。

　　多芬（Dove）的「自信美」（real beauty）香皂廣告是在做完全球研究後推出的，他們訪問女性對自己的觀感，發現多數女性對美麗的定義逐漸窄化，到了幾乎不可能達到的境界。那研究發現全球只有 2% 的女性認為自己美麗，只有 5% 的女性覺得自己長得不錯，只有 9% 覺得自己有魅力。有八成以上的女性覺得媒體和廣告為美麗設下不切實際的高標準。說到身體形象，各國的女性似乎都對自己感到不滿意，75% 的受訪女性認為媒體可以展現更多元的魅力，包括身材、尺寸、年齡、膚色上的差異。

　　多芬取得這些資訊後，推出「自信美」廣告來啟動社會變革。他們認為，如果大家放寬對美麗的刻板印象，女性會覺得自己更美麗。他們不花大錢請專業的模特兒，而是採用不同年齡、身材、尺寸的「真實」女

性，促使大家討論社會設立的狹隘審美標準與形象。多芬請來知名的攝影師安妮‧萊柏維茲（Annie Leibowitz）為其平面廣告及電視廣告操刀，歌頌年紀較長及尺寸較大的女性之美。結果呢？像多芬那樣普通的香皂異軍突起，業績破表。

Mini 的「咱們啟動吧」（Let's Motor）廣告鎖定駕駛的樂趣，創造一種名叫「Motoring」的另類駕駛文化，那是指產品和車主的心臟一起動感跳躍的狀態。Mini 運用社群網路行銷及令人難忘的活動來推廣那個概念，例如把 Mini Cooper 綁在休旅車的車頂，以清楚傳達「Let's Motor」的訊息。另外，公司的網站也鼓勵大家設計與訂製自己的Mini一包括內裝和選配物件。平面廣告和告示牌廣告則是主打巧妙的文案，不是單純推廣汽車，例如：擁有 Mini「就像直接跨騎閃電」，馬上引起大家的關注，造成大家搶購這台世界上最小的汽車。

這些成功的廣告顯然都觸及了目標客群，以創意又有趣的手法傳達策略，業績都因此大幅成長。

令人記憶深刻的廣告標語

廣告要有效，廣告標語或口號就必須展現熱情及行動號召力。標語必須激發原始的情緒才會響亮，令人印象深刻。聯邦快遞的隔夜送達訊息

就是絕佳的例子，重點不在於只是送達，而是「使命必達」，那句廣告
語增添了情感訴求。BMW 不只是駕駛的機器，而是「終極座駕」。歐
巴馬競選總統的標語不只強調「改變」，而是「我們可以相信的改變」，
那口號讓大腦的創意右腦產生了情感共鳴。

　　除了安飛士的經典廣告詞「我們更努力」以外，以下是其他讓消費者
產生共鳴的廣告標語：

六號摩鐵（Motel 6）：「我們會為你留盞燈。」

M & M's：「只融你口，不融你手。」

拉斯維加斯：「在賭城發生的事，就讓它留在賭城吧。」

百威啤酒：「這杯百威給你。」

紐約時報：「見報新聞，皆宜刊登。」

美軍：「充分發揮，全力以赴。」

內華達州的雷諾市（**Reno**）：「世上最大的小城。」

盛美家（Smuckers）：「有盛美家之名，肯定名不虛傳。」

賓士：「製造工藝絕無僅有。」

安全帶：「不繫上就吃罰單。」

巧棉（Charmin）超柔捲筒衛生紙：「請別搯巧棉[7]。」

行星：「愛護下一代的最佳方案。」

口碑

或許最有效的廣告形式是口耳相傳：某人向另一人推薦你的產品或服務（當然，也有可能是劣評）。口碑行銷創造了「流言攻勢」，可能對你的公司有益或有害。在現今的世界裡，無論你想不想要，都會收到意見。所以，你還是多了解大家對你的產品或服務有何評語比較好。

在人生及商業上，你的評價主要還是看你給人的觀感而定。很多企業和個人的聲譽因正面傳聞而提升，或因負面流言而受毀。最後你決定如何因應那些意見，主要是看你是否尊重傳遞那些資訊的人而定。

在如今的虛擬世界裡，聊天室、部落格、推特、臉書或其他形式的社群媒體，提供顧客充足的意見反映論壇。臉書有八億以上的用戶，而且數量持續增加，那平台讓消費者大鳴大放，創造出一個遠大於企業網站的社群。口碑主要是用來為產品或服務創造話題的，無論是線上或離線，口碑都可以讓你的公司從競爭中脫穎而出。

口碑行銷通常是透過令人難忘的事件來擴大效果。綠色和平組織規劃一個活動，讓兩位明尼蘇達州的男子徒步及划獨木舟橫越北極，引起大家對氣候變化的關注。探險家持續在網站上報告近況，引起美國國會討論及關注環保議題。

重新喚醒內在創意

掌握個人創意

就像好廣告充分彰顯公司的核心和靈魂一樣,我們與生俱來的創意天分,也讓我們對外充分展現我們獨特的 DNA、遠見和創意。關鍵問題在於:「這創意要如何釋放出來?」我們如何克服內在的障礙,重新喚起你我皆有的內在創意?

商業或人生中都沒有簡單的捷徑,在你創造個人影響力、讓人留下長久的印象、向外界展現創意以前,你需要先完成人生計畫的前七步驟。這裡我們迅速複習一下那幾個重要步驟:

- 定義你是誰
- 善用你的優點
- 找出真實自我
- 找到個人利基點
- 自我改造
- 打造個人品牌
- 留下典範

廣告傳奇威廉・伯恩巴克（William Bernbach）一語道盡了在商業或人生中讓人留下持久印象的重要：「除非大家相信你，否則真相都不算是真相。大家不知道你在說什麼時，就不會相信你。大家不聽你說時，就不知道你在說什麼。如果你不有趣，就沒人想聽你講。除非你是講有想像力、原創或新鮮的事物，否則大家就不覺得你有趣。」本章稍後會談如何以動態方式展現自己，讓人覺得你的表達精彩又清晰，從雜訊中脫穎而出。

> 　交談的關鍵不在於適時適言，而是避免衝動時口不擇言。
> 　　　　　　　　——陶樂熙・納維爾（Dorothy Neville）

精簡溝通

　　說到廣告，關鍵在於清楚與精簡的溝通。但是說起良好的溝通，大家往往聽聽就算了，因為感覺像老生常談。

　　我想起伍迪・艾倫的爆笑影片《傻瓜入獄記》（*Take the Money and Run*）裡的著名場景，伍迪・艾倫試圖搶銀行，但是銀行櫃員看不懂他寫在恐嚇紙條上的潦草字跡。於是，櫃員把他轉往九號櫃台，讓銀行的副總簽核那張恐嚇紙條。這故事告訴我們什麼？手寫字跡雖然寶貴，前

提是你要看得懂。

強而有力的標點符號

畢卡索曾說，他認為標點符號是「遮掩文學私處的遮羞布」。不過，恰到好處的標點符號，可能在溝通的過程中發揮強而有力的效果。最近我看到一個很好的例子，一位英文教授在黑板上寫：「A woman without her man is nothing」，請學生放上正確的標點符號。

班上的男同學都寫：A woman, without her man, is nothing.（女人，沒有男人，什麼都不是。）

你準備好了嗎？

班上的女同學都寫：A woman: without her, man is nothing.（女人：沒有她，男人什麼都不是。）

標點符號是萬能的……它可以改變文字的意思，可能把文字改得更好。

有時候無意間促成的雙關語，可以幫你傳達對他人困境的同理心。這讓我想起有一次我去找同事安排晚餐會議，他說：「後續幾天我需要限

制飲食，因為我要去做預防性的結腸鏡檢查。」我馬上回應：「我完全可以了解解決後顧之憂的重要。」同事聽了差點笑到跌落椅子，不過他也謝謝我的體諒。

　　大家都知道良好溝通往往是良好關係的關鍵，俗話說：「交談的關鍵不在於適時適言，而是避免衝動時口不擇言。」我們都遇過說錯話的時候，但我們何時才會記取教訓呢？

直覺是神聖天賦，理性是忠實僕役，然而我們卻造就一個崇尚僕役、遺忘天賦的社會。

——愛因斯坦

左腦／右腦

　　在討論創意時，應該更深入探討兩種不同的心態或思維方式。理性或左腦人看待事情的方式，通常和創意或右腦人不同。左腦／右腦的概念是由心理生物學家羅傑‧史貝利（Roger W. Sperry）的研究發展而來，史貝利發現人類有兩種截然不同的思考方式。下表列出左／右腦思維方式的主要差異。

左腦	右腦
運用邏輯	運用感受
注意細節（關注組件）	注意大局（著眼全面）
客觀	主觀
使用數字和事實	運用想像力
事實導向	夢幻導向
保守	冒險
務實	直觀
理性	創意
逐步思考	另類思考
把相關的點串連起來	連接看似無關的點

　　我們常聽到有人說，我是左腦人或我是右腦人，其實每個人的內在都有創意（右腦力），我們先天都有豐富的右腦表達能力。你只要看孩子的好奇心，看他們如何玩角色扮演或改裝玩具，在冰箱的門上展現指繪創意，隨心所欲地想像他們身處在夢幻的世界裡，就可以看出每個人都有創意。

　　IDEO 的執行長提姆‧布朗（Tim Brown）在 TED 演講上談創意時，

特別強調了這點。他請現場觀眾為鄰座的人畫一張簡單的圖，為現場帶來了很多歡笑，有些人則是覺得有些尷尬，擔心旁人對自己的評斷。不過，你叫孩子做同樣的事情時，他們是展現純粹的歡樂與驚喜，毫無恐懼或同儕壓力。你注意過孩子連玩聖誕樹底下拆開的禮物盒都很開心嗎？對孩子來說，光是盒子就有無限多種創意的可能。

天才就是讓童年隨心所欲地再現。
——沙爾・波特萊爾（Charles Baudelaire）

年紀漸長，創意漸失

如今的教育體系，以結構嚴謹的課程以及過度強調的時間表、多種名單和課程排名，來強化左腦優勢。學校那樣做是因為有八成以上的人是屬於左腦人，只有兩成的人是右腦人。這也難怪很多知名的創意人才在校成績都不太好，例如米開朗基羅、愛因斯坦、愛迪生。

可惜，研究人員兼作家麥考密克（McCormick）和普拉格（Plugge）做的研究顯示，隨著年紀增長，我們失去了很多孩子般的創意。事實上，五歲時有九成的孩子喜歡突發奇想，到七歲時只剩兩成。到了成年以後，只有 2% 的成人仍有創意。創意消失的原因之一是，如今的社會用到左

腦的情況多於右腦，如今的教育體系似乎偏重數學、語言和邏輯，我們處理日常雜務時（包括盤點收支，處理行政任務，或是因應工作上的政治官僚），左腦肩負很大的責任。

別因追求完美而適得其反。

——伏爾泰

創意與完美

有個故事是這樣說的，兩位老友討論婚姻。

「為什麼你從不結婚？」

「我想，我只是還沒找到完美的女人吧。」

「你肯定遇過至少一個想結婚的對象吧。」

「是啊，我確實遇過一位完美的女人。」

「你怎麼沒娶她呢？」

「很簡單啊，她在找完美的男人！」

茱莉亞・卡麥隆（Julia Cameron）在經典好書《創作，是心靈療癒的旅程》（*The Artist's Way*）裡提到，說到創意，我們不該太講究完美

主義。很多人擔心自己寫不出完美的書或劇本，做不出完美的簡報，無法爲完美的賓客辦一場完美的派對，彈不出完美的音樂，試鏡時無法完美表現。面對現實吧，任何創意發揮總是有進步的空間，很少人第一次嘗試就完成曠世巨作。創意界裡充滿了修改、重寫、第一次就失敗的情境。但是在此同時，你必須當機立斷，決定要不要做。任何電影剪接師都會告訴你，電影從來沒有剪接完美的時候。任何作者都會告訴你，一本書從來沒有真正完成過。任何藝術家都會告訴你，他的畫作從來沒有真正完成，他只是剛好畫滿了畫布而已。但是創意人在某個時點都必須認清期限的限制，否則他們永遠無法向外界展現創意。

你想想多才多藝的典型才子達文西，他有全方位的創意天分，是雕塑家、畫家、工程師、建築師，也是發明家。他不是什麼都會一點的通才，而是樣樣精通的萬事通。但他有個很大的缺點，他難以完成專案。他一次做很多案子，但沒有一件做得完。缺乏專注力讓他永遠無法達到財務獨立，缺乏紀律也讓世界無法欣賞到他很多的創作才華。切記：唯有完成創作，你的藝術和創意才算是天賦。

說到創意，也許卡麥隆問了一個核心問題：「如果我不需要做到盡善盡美，我會做什麼？」你有答案嗎？

如果內心有個聲音說：「你不會畫畫」，那你務必畫下去，那聲音自然
會沉寂。

——梵谷

重新喚醒創新精神

所以，這裡我想教你的是什麼？很簡單，別擱著創意不用！別只會幫
別人實現創意夢想，別再告訴自己一切太遲了，你應該釋放創意，現在
就做！讓潛藏在你內心深處的創意自由發揮，無論你怎麼做，你都應該
喚醒在深處休眠的創意。例如，如果你一直想學吉他，現在就去上課；
如果你一直想畫畫，就去買顏料、畫筆和畫架，開始繪圖；如果你一直
想指導後進，就去找需要指導的人。如果你一直想成為激勵演說家，就
站到觀眾面前；如果你一直想煮一手好菜，就去上烹飪課，或邀幾位客
人來試試你新做的焗烤茄子；如果你一直想爬山，就開始去登山；如果
你一直想寫本書或電影劇本，就開始敲鍵盤。先想像你的創意，接著把
它釋放出來。

動畫家哈克‧瓊斯（Huck Jones）表示，為了畫出土狼，「你必須內
心深處想著土狼，把牠畫出來。」雕刻佛像的人常說，他們可以看到藏
在木頭深處的佛像。在我看來，只要你願意和外界分享創意，你就有創
意。總之，感受那恐懼，但是要放膽釋出創意。

每個人都有自己的創意形式，別讓它處於休眠狀態，你應該採取行動，把你的藝術形式當成天賦展現出來。著名製片人法蘭克‧卡普拉（Frank Capra）曾說：「直覺就是創意想要告訴你什麼。」

　　我們的右腦等著我們去運用，當創意浮出表面時，會釋放出大量的新點子、方向和路徑，可能對人生產生長遠及正面的影響。

展示動態

　　說到展現創意，有時候重點不在於你展現什麼，而是你展現時所產生的影響力，我稱之為「展示動態」的技巧。

　　我在摩托羅拉當行銷主管時，展示動態的技巧是我獲得目標觀眾認可的關鍵要素。我先講一下背景資訊，我的部分任務是向公司的前五百大零售夥伴，簡報我們的年度電視廣告。說到廣告，這群人的標準都很高，他們都自以為是廣告方面的專家。每年我向這群人簡報電視廣告時，都會遇到同樣的問題：一半的人喜歡那廣告，另一半討厭那廣告。我似乎永遠得不到他們一致的認可，幾年努力未果後，我在年度大會上運用展示動態的創意技巧，我先對他們坦言，由於大家都是廣告專家，很難取悅每個人，我說要讓廣告那麼主觀的東西贏得一致的認同幾乎不可能，藉此博取他們的同情。我說我真的很想為他們唱一首我和別人合寫的歌

曲，歌名是〈人人都是廣告專家〉。那是很久以前的事了，不過歌詞大概是這樣：

「人人都是廣告專家，都知道廣告該怎麼做。正當你贊許眾人想法，洗窗工人探進來說，那廣告真是爛透了。」

我知道你在想什麼：「你還是別考慮走寫歌這行吧。」但是我那首歌奏效了！獲得觀眾的理解後（更別說是同情了），他們一致認同我的新廣告，那是我年輕時第一次下台獲得全場認同及如雷掌聲。有時重點不在於你展現什麼，而是你展現時所產生的影響力。

一九六三年，金恩博士在華府為種族問題發表〈我有個夢想〉演說時，那措辭之美，無可比擬。如今我們的語言縮減成簡訊、推訊和電子郵件，我們更應該了解這類精彩演說的純粹美感與力量。金恩博士的演講不僅充滿力與美，更改變了一個國家的發展軌跡。

> 金錢從來不會帶來創意，創意才會帶來金錢。
>
> ——卡梅倫（W. J. Cameron）

創意流程

說到掌握創意，方法沒有對錯之分，但是有一點很清楚：創意確實是

一個流程。楊傑美（James Webb Young）在經典著作《創意的生成》（*A Technique for Producing Ideas*）裡，教我們以創意流程來想點子。他的架構非常簡單，但真的有效：

1. 收集資訊
2. 吸收資訊，融會貫通
3. 擱著不再多想，讓潛意識去運作
4. 想出點子
5. 把點子付諸實踐

創意的核心在於產生令人興奮的想法，無論你是企業主管、教師、程式設計師、廣告文案、家居設計師、畫家、音樂家或編劇，都是如此。但是，面對空空如也的電腦螢幕或空白紙張，可能令人害怕。即使你覺得你從未想過任何創意點子，我還是建議你試試楊傑美那套簡單、但非常有效的流程，那可以幫你突破你釋放創意的心理障礙。

創意儀式

說到激發創意的能量，每個人似乎都有一套方法，都有一種啟動創意

的儀式。以下是一些其他人告訴我的方法，這些方法幫他們啓動想像力，進入創意心境。

- 洗澡
- 聽古典樂
- 慢跑
- 快走
- 運動
- 假寐一番
- 閱讀幾段卓越作家的作品
- 冥想
- 使用肯定法
- 到花園整理一下

- 繼續閱讀
- 和你崇拜的人聊天獲得啓發
- 在沙灘上散步
- 隨身攜帶筆記，寫下臨時想到的東西
- 帶數位錄音機
- 做愛
- 購物
- 潑水在臉上
- 繼續寫
- 感受恐懼，馬上反擊！

所謂探索，包括觀察其他人都看到的，以及思考沒人想過的。
——山特－捷爾吉（Albert von Szent-Györgyi）

創意環境

環境可能對你創新及發揮創意的能力有很大的影響，你周圍的環境為你的創新提供背景，決定你的心情。適合的環境可以提供你需要的刺激，讓你的創意源源不絕。

我們可以向一些思想前衛的公司學習，如何在家裡或辦公室打造創意環境。3M 公司特地營造出讓員工發揮另類思考的上班環境，他們鼓勵研究人員把 15% 的時間花在自己感興趣的議題上，這種創造性的企業文化常為 3M 帶來豐碩的效益，也許其中最好的例子是雅特·富萊（Art Fry）。富萊利用 15% 的自由創新時間，研發出一種特殊的黏性紙張，後來變成 Post-it 便利貼。富萊的想法如同發現了金礦，便利貼變成 3M 獲利最好的辦公產品。3M 不箝制點子，他們提供環境讓員工創新及發揮創意。

谷歌鼓勵員工把 20% 的工作時間，花在自己感興趣的創意專案上，他們也因此從員工的點子獲得不少財務效益。

想像力點燃無限可能的引信。
　　　　——艾蜜莉·狄金生（Emily Dickinson）

提供員工環境，讓大家在不受限制下充分展現創新技巧和創意極其重要。我以前有個老闆，他為旗下的廣告部門打造了完美的環境，他說：「在我的部門裡，太過積極無妨，但太過散漫而有所疏漏則絕不容許。」我在公司的腦力激盪會議中學到，為創意流程設定適合的調性很重要，如此一來創意才會源源不絕。在創意過程中，沒有什麼點子是太爛或太瘋狂，每個都是絕佳的點子。最終我們都會去蕪存菁，進一步修改，把「最佳點子」加以延伸至現實中來應用。接著，我們會發揮創意聯想，把點子改得更好。等創意流程完成時，我們甚至不記得當初那絕妙點子是打哪兒來的，只知道我們已經準備好行動了。

適合的環境和你個人的工作空間很有關係，你看一下家裡或辦公室的工作間，那周遭環境是否能激發你的內在創意？你的創意工作空間是否讓你的創意源源不絕？工作空間的採光是否讓你看得清楚？噪音的音量如何？那會影響你專心嗎？你有足夠的隱私嗎？裡面有讓你展現真實自我的藝術品、裝飾品或顏色嗎？你有舒服的工作椅或工作桌嗎？很多創意專家認為這些東西對創意流程的運作有很大的影響。

我補充一個我自己的見解。如果你對那工作有熱情和使命感，其實你在任何地方都可以做。有些優秀的作家和藝術家非常投入工作，他們幾乎把周遭的環境完全隔絕在外。以前我對聲音非常敏感，但是我發現當我受到激勵、做的事情呼應真實目的時，我不見得需要完美的空間來啓

動創意，我不再需要滾滾海濤或山林綠意就能進入狀態。現在我在擁擠的飛機上、吵鬧的旅館裡、熱鬧的星巴克也能工作。你能工作的地點愈多，生產力愈高。

因應批評

如果說有什麼事情會讓創意瞬間凍結，那可能是別人對我們的創意提出不公正的批評或意見的時候。我不是在講讓我們精進作品的建設性批評，而是指評論者、學者、反對者提出的惡毒、錯誤、損人、毫無根據的惡評。專家說，這種事情發生時，最好的作法是堅定決心，繼續創作。知名畫家高更備受巴黎評論家的批評，他們說他的作品「譁眾取寵」，超乎現實又誇張。但是高更自己很清楚真相是什麼，他畫大溪地黃昏的粉紅色沙灘時，那光影就是超乎現實、近乎完美的。那些批評者從未去過大溪地，不知道他在那蠻荒島上作畫的真實狀況。高更直到過世後，才成為最受推崇及知名的藝術家之一。

不過，有時候為了提供環境讓人蓬勃發展，建設性的批評是絕對必要的——無論是在個人生活或職場上。我和公司的創意團隊合作時，一大擔憂是有時候他們會過於天馬行空，而忽略了行銷策略。創意很重要，但是不該忘了你的目的是要販售東西，這時扎實的建設性批評就派上用

場了。

　說到因應批評，你只要記住：那只是創意流程的必經過程。

　以我自己為例，當初我的第一本著作《人生行銷計畫》剛出版時，登上亞馬遜幾個類別的暢銷榜。以前，有人不喜歡你的書時，他們需要大費周章寫信，買郵票，寄出，才能給你意見。但是在如今的數位時代，意見都是即時反應，無需郵票。雖然我第一本著作獲得的回響大都是正面的，我想先回應負評，捍衛我個人的觀點。我需要迅速了解一個不可否認的事實：你不像別人說的那麼好或那麼糟！總之，如果你想持續發揮創意，臉皮就不能太薄，你需要學會因應批評指教，否則你會遭到冷落。

> 我不喜歡寫作……我喜歡寫完的感覺。
> ——桃樂絲・帕克（Dorothy Parker）

創意始於遠見

　你停下來想想，創意是何時開始的？是作家寫下開篇的第一段？畫家在畫布上畫下第一筆？雕塑家第一次感覺到手中的黏土？孩子拿起蠟筆在廚房的牆上塗鴉？我認為創意是作家、畫家、雕塑家、孩子想像什麼

即將發生時開始的。想像什麼即將創作出來，是創意流程的源頭。最終成書的圖像或想像，已經在作家的腦中成形，剩下的只是把書寫完的技巧。這或許是爲什麼知名的專欄作家桃樂絲‧帕克被問道她是否熱愛寫作時，她打趣地說：「我不喜歡寫作……我喜歡寫完的感覺。」

這裡應該區分遠見家和夢想家。夢想家有大創意，但不願冒險去實踐，他總是哀嘆自己幾年前就想過那點子，但遠見家讓那點子實現了。遠見家在別人看不到的地方看到了解決方案，他願意冒適切的風險，爲了讓事情發生、促成改變而身體力行。

遠見也許是創意的最佳體現，它提供了方向和目的，讓我們看到有魅力、可實現的未來概況。遠見可以激發藝術品的創作，或鼓勵一群人追求更遠大的目標。你有遠見嗎？你可以見樹又見林嗎？你可以在結果發生以前想像它是什麼樣子嗎？有遠見的人常用「創意想像」，他們在結果發生以前，老早就已想像好結果是什麼樣子了，我們會在第十章深入討論這種內心演練的過程。

世上多數卓越的創造者、發明家、藝術家都是眞正的遠見家。莫札特非常擅長洞悉遠見，有人說他在寫下創作的歌曲以前，已經在身心靈的深處看到與聽到了那音樂。

米開朗基羅有個衆所皆知的天分，他說他可以在尚未開鑿以前，就從一塊大理石中看到完成的雕塑品，他只需要雕鑿出遠見就行了。

賈伯斯也許是美國最傑出的遠見家，他創造出酷炫、高雅的個人工具，改變了我們的生活，讓我們可以一手掌控豐富的音樂、資訊、娛樂寶庫。他的驚人創意讓我們可以把與生俱來的創造力，導向從未夢想過的地方。他讓零售商店的消費經驗變得有趣，令人印象深刻。他做出這一切的同時，也為蘋果及其股東創造了大量的財富。他過世時，蘋果可說是全球最有價值的品牌。不過，後人對賈伯斯最深刻的記憶，或許是他創造電腦的遠見，他曾對電腦做出以下貼切的形容：「電腦就像我們大腦的腳踏車。」

　　在娛樂圈，最近幾年也許沒有藝人比女神卡卡展現更多的創意遠見，她似乎總是比大家超前三步。她創造出超級的舞台表演，巧妙地把大衛·鮑伊、麥可·傑克森、皇后合唱團、瑪丹娜和一點葛麗絲·瓊斯（Grace Jones）結合在一起。她表示：「我創作音樂時，已經可以想像音樂如何融入我的舞台表演，包括我的服裝、舞台上的道具、誇張的髮型等等。」女神卡卡就是有辦法以完全誇張的方式表演，又不嚇跑贊助企業。撰寫本書之際，《富比士》把女神卡卡列入百大最有權勢的名人榜，在娛樂圈的分組排名中居冠。

　　　一流雞湯裡的創意，可能和三流繪畫裡的創意一樣多。
　　　　　　　　　　　　——亞伯拉罕·馬斯洛（Abraham Maslow）

創意影響力

　　由於我們本身就是創作，所以人類天生具有創意。即使我們沒獲得讚譽或標籤，我們都是有創意的人，先天都有能力在歷史上留下不可磨滅的印記或獨特的足跡，每個人都有創造的需要。

　　也許創意最令人滿意的部分，是它可以對他人產生正面影響，那可能只是烘焙美味的蘋果派，或編造有趣的童話故事讓孩子入睡，如此簡單的事。也可能是一本好書、一份精彩的劇本，或只是突發奇想改變客廳的家具擺放，以騰出更多空間。也可能是一幅華麗的畫作，或找到回家的捷徑。關鍵在於釋放及重新喚醒你內在的創意，別怕經歷創意的流程。努力、協調、哀嘆、收集資訊、冥想、醞釀、重做、重塑、分享喜悅，那些都是創意過程的一部分。

　　每個人的內在都有一部巨作等著公諸於世，你還在等什麼？

釋放創意的七個秘訣

　　1.**重新點燃幼時的好奇心。**充分發揮創意精神，別擔心同儕壓力或批

評。回憶你小時候在冰箱上用手指作畫是什麼樣子，重新發掘你幼時好奇的初學者心態。

2. **想像最終結果**。在開始寫作、繪圖、雕刻、烘焙巧克力蛋糕，或是掛上你剛做好的漂亮窗簾以前，先想像你想創造什麼。

3. **用進廢退**。創意就像肌肉，不使用就會消失。如果你一直想畫畫，就去買畫架、顏料和畫筆，開始動手畫。如果你一直想寫作，想好故事，就開始敲鍵盤。

4. **人人皆有創意**。切記，你不需要寫暢銷書或攻上音樂排行榜的榜首才算有創意，裝飾客廳、打理花園、烹飪佳餚、規劃商業方案，或解決家裡的問題，都是發揮創意。把創意融入日常生活中，你不需要等候靈機一動。

5. **別求盡善盡美**。任何創作總是有改進的理由，任何編劇都會告訴你，沒有電影劇本是完美的。任何藝術家都會告訴你，沒有畫作是真的完成的，他們只是剛好把畫布畫滿而已。問問你自己：「如果我不需要做到盡善盡美，我會做什麼？」

6. **因應批評**。切記，你不像別人講的那麼好或那麼糟，因應批評和面對恐懼是創意流程不可或缺的一部分。

7. **慶祝**！學習慶祝大大小小的事，例如寫完書的一章，學會新的吉他和弦，或考試拿 A。暫停下來享受成果的美好，獎勵自己一下。

　　本章強調卓越的廣告來自構思縝密的行銷計畫。當行銷規劃的前七步驟都落實了以後，自然會產生卓越的廣告活動。你需要先完成第一步到第七步，才算真的準備好對外發布公司的創意訊息。

　　個人的創意天分，就像充分展現公司本質的卓越廣告，讓我們向外界展現我們的獨到本質、遠見和創造力。我們先天就有右腦創意，但研究顯示，很多的兒時創意會隨著年紀的增長而消失。我們不是失去創造力，只是需要把它從深處重新喚醒。我們不該讓害怕失敗或不夠完美阻礙我們發揮創意。如果你一直想畫畫，現在就開始畫。如果你一直想寫書或寫劇本，現在就動手。找個適合你的創意環境，別對外界的胡亂批評反應過度。掌握創意，和周遭的人分享你的遠見。

229

```
反思時間
```

你是否擱著創意沒好好運用？你的內在有個傑作正在吶喊，等候釋出嗎？

譯註
7 因為太柔軟，廣告中的人都忍不住捏它，
https://www.youtube.com/watch? v=hoHhzyh9kCg。

investing

your time & Energy wisely

Point 9

規劃配銷

善用時間與精力

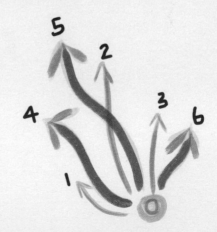

要緊大事不可受制於枝微末節。

——歌德

在人生中，配銷是指把優質的時間投資在重要的人士上，讓自己處於成功的最佳位置。

在商業上，配銷是指決定去哪裡販售產品或服務，不偏離事業的本質。在規劃配銷策略時，不該偏離正軌，要精挑細選銷售產品或服務的管道。如果你想讓產品維持在高檔路線，可能就不該考慮去沃爾瑪（Wal-Mart）之類的平價超市販售。同理，你也不可能看到蒂芙尼（Tiffany）在山姆會員店（Sam's Club）之類的量販店珠寶區販售。事實上，說到產品和服務的配銷，無論你喜不喜歡，大家往往會以你合作的配銷夥伴來評斷你。

實體與虛擬

網路商店的出現徹底顛覆了商業配銷，迅速挑戰傳統實體零售業者的存在。例如，在影片零售業裡，奈飛（Netflix）「直送你信箱」的方式

重新定義了電影的配銷，不僅導致小型的電影出租店消失，也讓百視達（Blockbuster）和好萊塢影片（Hollywood Video）之類的租片巨擘相繼破產。之後，奈飛又更進一步，把立即觀賞的功能納入電腦和電視裡。

　　說到創新的網路配銷，亞馬遜顯然引領風潮，先是銷售書籍和音樂，最後變成從冰箱到尿布無所不賣。亞馬遜單獨挑戰了傳統實體店家的作法。顧客的高度接受度和忠誠度，為數千家想上網販售產品的公司創造出成功的配銷管道。亞馬遜提供顧客大量的產品選擇，通常還搭配免費配送，因此比傳統的零售店家更有競爭優勢。

　　在汽車零售業裡，CarsDirect 改變了消費者買車的方式。只要登上該公司的網站，就不再需要在汽車業務員的桌前，苦等他的虛假承諾：「我問一下業務經理，看能不能多幫你爭取一些。」如今，想要買台車，你甚至不需要走進汽車經銷商，只要登上 CarsDirect.com，幾分鐘內就可以收到多家渴望和你做生意的經銷商傳來的汽車報價，不再麻煩，就只有實際數字。你只需要決定顏色和配件，就能從車廠開走閃亮新車。

　　很多人習慣上網購物，但喜歡親自走一趟零售商店、當面享受店家服務的人也不少。當面提供貼心服務是一些優良店家標榜的特色，例如諾斯壯百貨、喬氏超市（Trader Joe's）、韋格曼市場（Wegman's Markets）、潘娜拉麵包（Panera Bread），當然還有蘋果專賣店。雖然蘋果也有網路商店，但它也開了三百五十家以上的實體商店，為熱情

與死忠的顧客提供近距離的個人零售體驗。蘋果專賣店裡設有「天才吧」，當場幫顧客解決任何技術問題。蘋果專賣店也提供類似高級飯店及度假村才有的禮賓式客服，蘋果把實體與虛擬配銷通路都打理得很好。

逆向行銷

有時，產品或服務會使用「逆向行銷」（de-marketed）或是配銷不均，來為產品或服務製造話題與口碑。逆向行銷是時髦的哈佛用語，讓人在產品買不到時更想要。例如，紅牛（Red Bull）進入市場時，刻意只在幾個零售店鋪貨，而不是全面販售。同樣的，新餐廳常在開幕初期限制訂位數，以製造「一位難求」的話題。

我自己也做過逆向行銷。我去新英格蘭州上大學時，酷爾斯啤酒（Coors beer）只在美西的七個州銷售。由於我們那區沒賣，那啤酒很快就成為兄弟會的最愛。只要開派對時準備酷爾斯，那場派對就會變成校內最熱門的派對。所以每週四我們會派一位二十五歲的萬年留級生（反正他也不會去上任何課）去堪薩斯州，帶回我們週末狂歡要用的啤酒。這慣例一直持續到我大三，酷爾斯啤酒才在全美販售。酷爾斯啤酒在全國都可以買到以後，就不再是大家的啤酒首選了，我們需要再找其

他更有創意的方式，吸引美女來參加我們兄弟會的派對。

長尾分布

　　在如今的數位世界裡，網路不斷地創造出新的配銷管道。傳統的80/20法則指出，80%的生意是來自於20%的顧客或產品。二○○四年，克里斯‧安德森（Chris Anderson）在《連線》（*Wired*）雜誌中主張長尾分布的概念，徹底顛覆了存在已久的80/20法則。長尾概念主張，需求低或銷量少的產品，合起來的市占率可以媲美或超越目前市面上最紅或熱銷的產品。研究顯示，亞馬遜的業績有很大一部分是來自實體書店沒擺的罕見書種。一位亞馬遜的員工曾以下面的說法形容長尾概念：「我們今天賣的書可能昨天沒賣半本，但今天那本書的銷量比昨天所有賣過的書的總銷量還多。」除了亞馬遜以外，一些全球最成功的公司也把長尾概念列為配銷策略的關鍵要素，例如奈飛、谷歌、雅虎、蘋果的iTunes商店。

　　不過，這裡應該補充一點，華頓商學院的教授蘇格‧奈特西（Serguei Netessine）和博士班的學生湯姆‧譚（Tom F. Tan）主張，長尾概念只適用於某些個案，不適用於絕大多數的個案。華頓商學院的研究人員主張，當公司考慮到成本之類的變數，相對於單一商品的潛在獲利時，公

司獲利主要還是靠暢銷商品。這裡只需要說一點就夠了，在當今的數位世界裡，市場配銷已經明顯變了。

到生意所在之處

　　配銷的另一個要素是，你希望你的產品或服務在最可能成交的地點販售，你希望盡可能提升公司的業績。總之，你希望公司在生意所在之處。我曾向某知名造船公司的董事會解釋，我們的業績很棒—除了在有大片鹹水的地方以外。那實在很可惜，畢竟我們是在賣船的產業。我接著解釋，我們的船體無法長期接觸鹹水，所以我們的船只能賣到淡水湖泊和水庫。解決問題的方式很簡單：修改船體，讓船可以長期在鹹水和淡水使用，就能提升業績。總之，你應該到生意所在之處。

善用時間與精力

你想當玫瑰，就別種在沙漠裡。

—— 史都華‧埃默理（Stuart Emery）

為成功就定位

就像公司需要聰明配銷產品以創造最大的業績，個人也需要讓自己處於最佳狀態才會成功。我們就像公司，需要接近行動發生的地方。例如，如果你想當演員，或許你應該考慮搬到紐約或洛杉磯，看你的才華在競爭中能否脫穎而出。如果你想成為鄉村歌手，你可能要考慮搬到納什維爾（Nashville），更貼近鄉村音樂的核心。如果你有很棒的網路事業概念，可以考慮搬去矽谷。你要聰明地配置自己，把自己放在最有可能成功及達成目標的位置。

個人配置也和優質時間的管理有關。把優質時間拿來和重要的人相處，不只是做做樣子，而是把時間投資在最重要的事物上。重點是及時採取行動，不能把時間大幅分散，而導致你無法履行對自己及其他重要人物的承諾。你需要善用時間，追求真實目的或人生志業。

正能量的威力

　　配置也是指花時間和支持你的人在一起。演員茱蒂‧佛斯特（Jodie Foster）成長的過程中，獲得很多親朋好友的正面意見。當她獲得奧斯卡最佳女主角獎時，她舉起講座，自豪地宣稱：「這是獻給我母親的，小時候她告訴我，我在冰箱上用手指勾勒的圖案真的很畢卡索。」

　　無論我們獲得多少名與利，身邊都需要有給予我們正能量的人。法蘭克‧辛納屈（Frank Sinatra）七十八歲時，演唱會還是場場爆滿。某晚，在滿場的觀眾面前，辛納屈忘了招牌歌〈All or Nothing at All〉的歌詞。無論他再怎麼回想，就是想不起來。年輕時意氣風發，他會講點笑話，自我解嘲，輕易化解尷尬，接著就繼續唱其他的歌。但是七十八歲已近生涯的尾聲，他尷尬得不得了，甚至對滿場的觀眾說：「我實在很抱歉，也許我不該再唱了。」正當他緩緩走下台，或許也是最後一次下台時，樓座區的最高層傳來一個聲音大喊：「沒關係，辛納屈，我們還是很愛你。」接著另一個聲音也附和：「辛納屈，我們愛你。」另一個聲音呼應：「辛納屈，快回來，我們愛你。」接著全體觀眾有如夢幻般地一致起立鼓掌。辛納屈噙著淚水，顯然相當感動，他又回到台上，以全盛時期的風采、自信和熱情，唱完那首他忘詞的歌。辛納屈從觀眾獲得的正能量，在他最需要鼓勵的時候，幫他安度了那個夜晚。

和指導、激勵、鼓舞你的重要人物共享優質時光，向來是達到真正成功的一大要素。可惜，現實人生不見得能永遠接觸到正面思考的人，不過，我們確實可以找出給予我們最多能量，幫我們追求目標、夢想、願望的人。我有一位很有成就的朋友，他有一套簡單有效的方法可以做到這點，他把給他正能量的人寫在正能量的清單上，把給他負能量的人寫在負能量的清單上，他的目標是什麼？盡量和正能量清單上的人相處，他運用那個方法幫自己抗癌成功，周遭都是鼓勵他戰勝病魔的正能量親友，他們的支持鼓勵是他抗癌成功的部分原因。

> 別讓人喧賓奪主成了優先要務，你卻淪為可有可無。
> ——馬克‧吐溫

吸引志同道合又正面的人，可以幫你打破阻礙你達成目標或夢想的負面循環。茱蒂絲‧歐樂福（Judith Orloff）在《正向能量》（*Positive Energy*）裡，談到幾種讓人能量消耗殆盡的人物，他們會把你的能量吸乾。她指出，有「公主病」的人喜歡小題大做，把你煩死；「牢騷姐」抱怨個不停；「卸責者」是把錯誤都怪到你頭上，把你當冤大頭；「直搗罩門型」總是想辦法貶抑你。知道這些消耗能量者的特色以後，就不要讓他們接近你，遠離他們，別聽他們的話，設下明確的容忍時限。俗

話說，愛的本質不只是找到可以共度餘生的人，而是找到不可或缺的人。

時機問題

說到配置，時機恰當遠重於一切。在寶美臣葡萄酒（Paul Masson）的傳奇廣告中，演員奧森·威爾斯（Orson Welles）舉起酒杯自豪地宣稱：「時機未到，就買不到。」

不清楚時間又不懂得如何善用時間，就難以達成目標、夢想和願望。羅傑·梅瑞爾（A. Roger Merrill）和蕾蓓嘉·梅瑞爾（Rebecca R. Merrill）在《預約圓滿人生》（*Life Matters*）裡提到，時間有兩種：一種是計量時間（chronos time），chronos 是希臘字，意指按時間順序的時間，是線性的，每一分鐘都一樣長，時間就這樣一直地前進，時鐘決定了生活的韻律和節拍。在計量時間裡，有個關鍵問題是：你今天工作幾小時？

另一種時間是計質時間（kairos time），kairos 也是希臘字，意指恰當或優質的時間，那是讓人體驗的，重點不在於你花了多少時間，而在於你用那些時間做什麼。計質時間的本質在於時間的價值，而不是花了多少時數。所以在計質時間裡，關鍵問題不是你工作了幾小時，而是你花時間完成了哪些優質的事物？你是否把時間花在最重要的事物上？

把時間花在最重要的事物上

　　普立茲獎得主安娜‧昆德蘭（Anna Quindlen）在維拉諾瓦（Villanova）大學的畢業演講中，提到參議員保羅‧桑加斯（Paul Tsongas）因診斷出罹癌，決定不競選連任時所說的話：「沒人臨終時會說，但願這輩子待在辦公室的時間多一點。」

　　華理克牧師在《標竿人生》裡也呼應了昆德蘭的看法：

　　「很多人臨終前，我就在他們的床頭，從沒聽過有人說：『幫我拿我的文憑過來，我想再看一眼；讓我看看我得過的獎、獎牌、金錶。』生命到了尾聲，我們不會希望周遭滿是物件，只希望關愛的人陪在身邊。在人生的最後一刻，我們都知道人際關係才是人生的重點。有智慧的人比較早知道這個真相，不要等到臨終時才發現沒什麼比那更重要。」

　　請聽我說，我寫這本書時，也跟你一樣走在同樣的旅程上。我終於開始明白，時間的關鍵不在於單純的投入，而是如何善加運用。可惜的是，我們實際投入時間的地方和真正重要的事情之間，常有很大的落差。這裡有句警世提醒：除非你致力騰出時間做重要的事，否則你永遠也找不出時間。

　　多年來我把大部分的時間拿去賺錢以後，我自己的書讓我開始思考，我如何把熱情和行銷天分應用在更有意義的地方。我一直想為貧童辦個

聖誕活動，我想分享童年溫馨與歡樂的過節氣氛，於是我聯絡我們當地的男女童軍社，聯合我多才多藝的商業夥伴，辦了一個慈善的節慶活動，名叫聖誕節慶（Yule Fest）。為期三天的活動充分展現了節慶歡樂，有聖誕樹點燈儀式、聖誕木偶劇、魔術表演、蘸裹巧克力醬的甜點教學、大量的薑餅屋。我們甚至搬來一台造雪機，讓多數從未體驗過雪景的加州孩子也可以在雪中嬉戲。孩子們讓那個活動變得令人更加難忘，他們組成唱詩班，在我們的慈善晚宴上獻唱，製作飾品在露天市集上販售。聖誕節慶的最大效益是我們募到了數千美元的善款，贊助男女童軍的伙食及教育計畫。不過，那活動也帶出一個我原本沒料到的附帶效益：我想給孩子一個特別的聖誕節，結果他們給了我一個有史以來最美好的聖誕！這正是聖誕節強調施予者變成受惠者的經典案例。

別說你時間不夠，你每天擁有的分分秒秒，跟海倫·凱勒、巴斯德、米開朗基羅、德蕾莎修女、達文西、湯瑪斯·哲斐遜、愛因斯坦一樣多。
　　──美國作家傑克森·布朗（H. Jackson Brown）

現在，你已經知道線性時間管理和優質時間管理有很大的差異，一個是花時間，一個是投資時間。丹·貝克博士在著作《快樂之人都知道的事》裡指出，每個人擁有的時間，都和全球最富有、最有權勢的人一樣

多，就連最睿智的人一天也只有二十四小時，重點在於我們如何運用每一天。貝克最後的結論是：「時間不是專橫的暴君，而是讓人人平等的偉大主宰。」

人生給我們寶貴的時間，但時間很神秘，難以捉摸，稍縱即逝，沒人真正知道自己還剩多少時間，所以時間是你可以給別人的最寶貴禮物。華理克牧師解釋：「時間是你最珍貴的禮物，因為你擁有的時間是有限的，你可以賺更多的錢，但無法爭取更多的時間。愛情中最渴望的禮物不是鑽石、玫瑰或巧克力，而是關注。」

想善用時間，需要先知道什麼很重要，然後全心投入。
——美國企業家李・艾科卡

工作太忙而找不出時間

我和一位事業夥伴在紐約一家時髦的餐廳共度愉快的夜晚，這裡就姑且稱他為唐恩吧，他是一家大型成衣公司的高階主管，我們酒過幾旬後，唐恩開始慨嘆，說他的個人生活一大糊塗，他知道他沒時間陪妻子和兩名幼子，他也提到他熱愛高爾夫球，希望有時間精進球技。總之，他想花更多的優質時間在重要的事情上，但是他就是找不出時間，因為工作

實在太忙了。我專注傾聽後，請他在面前的餐巾上畫兩個圓餅圖（現在回想起來……這家餐廳竟然還用紙巾，還能時髦到哪去？）。

我請他在一個圓餅圖上，寫下他想投資時間的方式。我看到他把很大一塊時間拿來陪伴家人，另一塊拿來精進球技，還有一塊是維持健康，另一塊是多點休閒。妙的是，他只分一塊不大不小的部分給工作。有趣的來了，我請他畫另一個圓餅圖，顯示他實際運用時間的方式。

你猜對了！他的工作占了絕大部分的時間，幾乎沒時間投入對他最重要的事。我們那天離開時，我提醒他多花點心思，思考時間的投入。

之後過了一年，我們失去了聯繫，我知道他離職了，但不知道去哪裡找他。某天我突然接到他的電話，約好一起吃個飯，他解釋他換到一家較小的公司上班，比以前快樂。新的管理職位收入較少，但壓力也比較小，可以有更多時間陪伴家人。另外，他也去了夏威夷打高爾夫球一週，球技大幅進步，當然他也帶妻小一起去了。

我問唐恩，是什麼因素促使他改變，他驚訝地看著我說：「你在開玩笑嗎？」接著他從皮夾裡掏出一張皺巴巴的紙巾，上面還沾有酒漬，他讓我看那兩個圓餅圖。千萬別低估餐巾紙的威力！

唐恩希望的時間分配

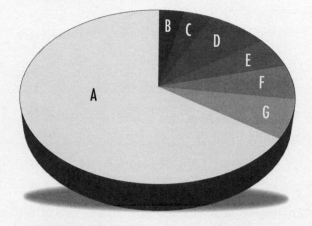

A. 家庭

B. 工作

C. 高爾夫球

D. 休閒時間

E. 健康

F. 友誼

G. 理財

唐恩實際的時間分配

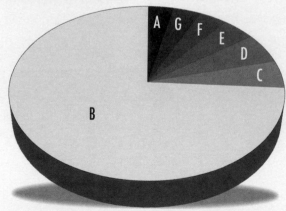

A. 家庭

B. 工作

C. 高爾夫球

D. 休閒時間

E. 健康

F. 友誼

G. 理財

人生不在於你能呼吸多久，而在於你經歷過多少令人屏息的時刻。
　　　　　　　　——美國創意家麥克・凡斯（Michael Vance）

過真實的人生

　　本書的簡介清楚提到，你是誰不是由你的工作、職業或財產決定的。你的工作只是你做的事情，不是全部的你。此外，如果你創造更充實、更有目的、更有意義的人生（亦即超越高階管理者、律師、護士、教師、學生、警察或任何職業身分的人生），你在工作上的表現也會更好。

　　昆德蘭說得好：「認真生活，過真實的人生，而不是瘋也似地追求下次升遷、加薪、換更大的房子。你覺得某天下午你的動脈瘤突然爆開或發現乳房有腫塊時，你還會那麼在乎那些東西嗎？認真過生活，注意到微風帶著海水的鹹味飄向海邊高地，停下腳步注意一隻紅尾鷹在水面上盤旋，或是小嬰兒專注以拇指和食指拿起 Cheerios 麥片的皺眉模樣。認真過不孤單的生活，找尋你愛的人及愛你的人。」

　　昆德蘭建議我們不要浪費每天的每分每秒，以來日不多的重症心態來看待人生，因為這樣一來，我們會更投入，以歡樂與熱情度過每一天。當我們那樣做時，會珍惜這段旅程，而不僅是目的地。我們會以該有的方式過人生，把每天都當成禮物。世上最大的禮物也許是時間：陪伴病

友的時間，指導後進的時間，分享的時間，認眞去愛的時間。

　　我們先暫停一下，談另一個需要送給自己的禮物，那就是「休息」。我們需要留點時間給自己，每個人偶爾都需要充電，有些人喜歡炫耀自己多久沒休假了，埋首在工作中不敢懈怠。但是，爲自己和家人稍做休息非常重要，最終而言，那對你的公司也是有利的，因爲你的大腦會更清醒，在休息過後更能看淸事物，更有創意，生產力也提升了。

　　了解時間的價值，抓住、把握並享受每寸光陰。別懶散，別怠惰，別拖
　　延，今日事絕不留待明日。
　　　　　　　　　　　　　　　　　——切斯特菲爾德（Chesterfield）

時間稍縱即逝

　　時間無法回收，埃及有句諺語：「時間從不厭倦運行！」我不是故意要嚇你，但是人生在世的時間有限，事實上，如果我們把平均壽命分成三等份，在一九四〇年代中期到一九六〇年代初期之間出生的嬰兒潮世代，正步入人生的第三階段。請聽我說，我會讓你頓時醒悟過來，我們把人生換算成心跳好了。

- 如果人的平均壽命是七十八歲，一生中會有三十億次以上的心跳，亦即一年平均四千萬次。
- 五十五歲時，這人只剩約八億次的心跳，或一生總心跳數的 27%。
- 四十五歲時，這人還剩約十二億次的心跳，或一生總心跳數的 40%。
- 三十五歲時，這人還剩約十六億次的心跳，或一生總心跳數的 54%。

我們一生的心跳數是有限的，是否好好利用，決定權操之在我們。安迪·魯尼（Andy Rooney）說得好：「人生就像一卷衛生紙，愈接近用完時，捲得愈快！」有太多人是等到來日不多時，才意識到時間的重要。

人生的最佳良師

邁克·辛格在引人入勝的著作《起飛》裡探索死亡的概念。人生的最佳良師之一是知道每個人終將一死，只是不知何時或如何死去，這點確實相當矛盾。智者接受死亡的事實、必然性和不可預測性。辛格叫我們想像和另一半大吵一架後，在衝突未解下就掉頭離開。他希望我們自問以下的問題：「萬一對方不在了，你會有什麼感受？如果你知道那是你

見他的最後一面呢？」辛格勾勒出以下的情境：「想像一個天使下凡來說：『把你的事情打理妥當，明天你就要來見我了。』」如果你知道這是你最後一次見到對你最重要的人，你會如何待他？你會對他展現多少關愛？如果你知道你或親人只剩四週的壽命，你的首要之務會有什麼改變？你會去找誰？重點很清楚：去找對你最重要的人。

我參加過最棒的研討會，也許是某個為期兩天、但提早一天結束的會議。第一天結束時，研討會的主持人要我們想像自己只剩兩天的壽命，他問：「你會打電話給誰，說什麼？」我們不安地坐在座位上，思考如何回答這個問題，這時主持人突然說：「這個研討會提早一天結束，現在及明天就打電話給那些最重要的人。」研討會就此結束了。

當你停下來思考時，死亡不該是一個令人害怕的概念。相反的，死亡是人生最好的良師。我們不該為死亡擔憂，應該讓死亡的無所不在幫我們過更充實的生活。辛格提醒我們：「死亡以前，我們其實不需要更多的時間，你需要的是在有限的時間裡，獲得更深刻的體驗。」如果你的人生沒有意義和目的，活得再久也沒有用。

傑佛瑞·戴維斯（Jeffrey Davis）在《千珠人生》（1,000 Marbles）裡講了一個很棒的故事。一個五十五歲的人在世上約只剩下一千個週六（假設壽命是七十五歲）。為了紀念這點，戴維斯建議我們去買一千顆彈珠，裝在透明的塑膠容器裡，每週六拿出一顆丟掉。當你看到彈珠漸

少時，就會更專注於人生中重要的事情。

　　你這個週六做什麼？出去吃飯？帶孩子去海邊？看了一場好電影？邀請幾位好友來烤肉？你應該讓每天都過得有意義，尤其是週六。自問以下的問題：上次我嘗試從未體驗過的事情是什麼時候？沒有什麼比看著自己在世的時間消逝，更能鞭策自己專注於重要的事物了。班傑明‧狄斯累利曾說：「人生苦短，不容輕之。」

　　時間是無法再生的資源，那訊息想要傳達的意思再清楚不過了，你應該把時間投資在對你最重要的人事物上。義大利威尼斯的浪漫之旅，別再遲疑了；告訴孩子你愛他們，別再拖延了；別等太老爬不上喜馬拉雅山的山麓才感到遺憾；想要創業，就別再等候了，最佳時機就是現在！

　　現在就開始把時間投入在對你最重要的人事物上，作家邁克‧喬瑟夫森（Michael Josephson）告訴我們人生該如何衡量：「重點不是你買了什麼，而是你創造了什麼；不是你得到什麼，而是你給予什麼；不是你的成功，而是你的價值；不是你學到什麼，而是你傳授了什麼！」

改善時間管理的七個秘訣

1. **定義什麼最重要**。如果你不花時間定義什麼最重要，你永遠都有時間管理的問題。把時間花在優先要務上，而不是次要事物上。

2. **投入優質時間**。切記，重點不是你花了多少計量時間，而是時間的品質和價值。

3. **迴避消耗能量的人**。盡量和正面積極的人在一起，避開浪費你時間及占用你注意力的人，他們只會消耗你用來追求目標、夢想、願望的能量。

4. **找出浪費時間的事**。寫下浪費你優質時間的事物，這些事物可能是：看電視、上網閒逛、打電話、傳簡訊、經常購物、通勤、和消耗你能量的人在一起。

5. **多授權**。學習把工作、社群服務、家事交辦出去，騰出更多時間發揮優點，別浪費時間做你不擅長的事。

6. **避免一心多用**。俗話說，想要同時追兩隻兔子，最後一隻也追不到。我知道女性通常比男性更擅長一心多用，但最近的研究顯示，當我們在不同的要務之間切換時，大腦要花加倍的時間才能專注。專心做事，每天可以多出兩小時。

7. 適時休息。 記得善用時間。在新鮮空氣中散步，到海灘上跑步，或是度個小假都可以讓你恢復精力，重新點燃創意和生產力。

++++ **本章摘要**

　　第九章的焦點是行銷計畫流程的配銷面。在企業中，配銷是指精挑細選販售產品或服務的地方，你不太可能看到沃爾瑪的珠寶櫃販售蒂芙尼的飾品。在商業圈裡，大家往往會根據你的配銷通路來評斷你。配銷也很講求效率和時間管理。

　　在個人方面，所謂的配置，是指和重要的人共度優質時光。那不只是時間管理而已，而是優質時間的管理。在追求人生的真正目的時，需要善用時間，不能把時間大幅分散，而導致你無法專注於最重要的事物。我們需要多和散發正能量、鼓勵我們達成目標、夢想和願望的人在一起。

　　本章最後的結論帶有一點現實的考量。時間稍縱即逝，那是我們無法再生的資源。結論要傳達的訊息很清楚：把時間花在對你最重要的人事物上。

你現在把優質時間投注在對你最重要的人事物上嗎？

如果不是，你還在等什麼？

Point 10

達到銷售目標

走出去實現個人目標

目標是有期限的夢想。

——美國作家黛安娜‧夏爾夫—韓特（Diana Scharf-Hunt）

++++

　　行銷計畫流程的下一步是銷售。在商業方面，我們必須銷售產品、服務、方案、概念，甚至偶爾會銷售一兩個點子。套用《遊行》（*Parade*）雜誌前發行人亞瑟‧莫特利（Arthur H. "Red" Motley）的說法：「在商場上，賣出東西以前，啥事都不算發生，仔細想想，人生也是如此。」有時候，藝術家快餓死時，也需要出售東西。最重要的是，我們必須把自己推銷出去，事情才會發生。

　　在商業或工作上，設定工作目標和業績目標是事業經營的要件。業務人員有每週、每月、每季、每年的業績目標需要檢討，是很稀鬆平常的事。好的公司至少每季會檢討目標是否還有效，商業目標往往需要調整以因應市場的波動或景氣。

　　業務人員知道設定目標是「商業常態」。在業務界，追蹤進度很常見，業務員也都明白達到目標的重要。

　　達到目標又超越目標是業務員的動力來源。在品標行銷顧問公司裡，我們為客戶開發出一套業績獎勵方案，名叫「逐夢方案」

（DreamMaker）。那方案把業務員的銷售配額及目標和個人的夢想連結在一起。例如，某位四十一歲的業務員一直夢想著參加芝加哥小熊棒球隊的夢幻營，他只要業績超過預定銷售配額的30%，就能實現夢想。夢想愈昂貴，業務員需要達到的業績愈高。一位女業務員的夢想是去法國藍帶學校上烹飪課，為了實現夢想，她的業績需要超過原始銷售配額的60%。我們的逐夢方案提供客戶幾個好處。第一，把公司的銷售配額和業務員的夢想綁在一起。第二，提升業績。第三，那也是留住人才的好方法。畢竟，當你幫員工實現個人夢想時，誰還會想離職呢？

銷售對應人生

就很多方面來說，優秀業務員的特質也是成功人生所需的特質。導核國際公司（NaviCore International, Inc.）的執行長雪利‧巴芬頓（Sherry Buffington）指出，傑出業務員有以下幾個關鍵特質：

1. **目標導向**。優秀的業務員因目標設定而更有衝勁，設定目標比達到或超越可量化的目標更能激勵他們。

2. **好勝的動力與精神**。業務員都很好勝，喜歡慶祝大大小小的勝利，從這裡不難理解為什麼很多傑出的業務員以前是運動選手或熱愛運動，

他們全身上下都充滿了好勝的動力和精神。

3. **感同身受**。業績好的業務員對顧客或客戶都有強烈的同理心，他們會竭盡所能提供顧客最好的服務。

4. **誠信**。優秀的業務員不會向顧客推銷他們自己也不相信的東西，他們知道顧客只向自己看重的人買貴重的東西。

5. **懂得閉嘴聆聽**。耐心傾聽是每位優秀的業務員都具備的特質，他們善於察言觀色，了解顧客的真正需求。

6. **自尊**。傑出的業務人員不會太在意顧客的拒絕，他們把顧客的拒絕當成再接再厲的敲門磚。

7. **不怕失敗**。即便是最好的業務員，推銷十次，也可能被拒絕七次。卓越的業務員能夠克服遭到拒絕的挫敗，堅持到成交為止。

銷售和毅力

銷售過程和毅力有很大的關係，毅力往往是成交與否的關鍵。不屈不撓讓我們克服逆境及人生中的驚濤駭浪。前面提過，我母親常提起一句愛爾蘭的古諺：「別從平靜的大海貿然判斷水手。」

關於毅力和百折不撓，我最喜歡的故事和布魯克林大橋的興建有關。大衛‧麥卡勒（David McCullough）在得獎好書《大橋》（*The Great*

Bridge）裡，記錄了興建這個建築傑作所挹注的二十年心血。

在橋梁興建以前，從曼哈頓橫越東河到布魯克林的路程相當辛苦，夏季河上的船隻太多，嚴冬則是冰凍難行。一八六三年，工程師約翰・羅布林（John A. Roebling）草擬出建橋計畫，他是知名的造橋工程師，但是當時很多優秀的工程師對他的計畫深感懷疑，有些人覺得那橋梁創新的懸索設計在強風下可能搖擺太大。

一八六九年，格蘭特（Grant）總統核准布魯克林大橋的興建計畫。不過，一個月後，約翰・羅布林因意外衍生的併發症不幸過世，其子華盛頓・羅布林（Washington Roebling）接任為首席工程師。這時，政治腐敗讓大家更加懷疑那座橋梁能否興建成功。後來出現了一些實質的進展，但是一八七二年，華盛頓・羅布林突然罹患減壓症，那是施工用的密封式沉箱裡壓力太大造成的。減壓症導致他的身體部分癱瘓，也失去聲音，他只能透過臥室的窗口，監看橋梁的施工，由妻子艾蜜莉在一旁協助。後來艾蜜莉完全接手造橋計畫，直到一八八三年大橋竣工為止。一八八三年，大橋終於開放通行，被譽為十九世紀最宏偉的建築之一，那正是毅力的最佳體現！

我們在人生中都遇過需要發揮毅力的時候，我在眼鏡公司擔任資深行銷副總時，去找洛拉有限公司（Laura Ashley Limited）為洛拉眼鏡（Laura Ashley Eyewear）洽談授權協議，但是對方回絕了二十次以上！

後來有一天，我發傳真到他們的倫敦總部，告訴他們我和另一位同仁將一起去英國出差，想去拜訪他們，洽談授權合約。我們在倫敦處理了一些正事後，去酒吧喝了一杯，接著就是去造訪洛拉的總部，但是我那位善良的同事從公事包裡拿出一張皺巴巴的傳真紙，上面寫著：「傅立德先生您好，謝謝您來訊告知您有意來倫敦，現在別來，永遠別來，別來就對了，我們沒興趣。」

我並沒有因此氣餒，我說：「我們照樣去！」畢竟，我們都已經到了倫敦。我們不知道洛拉的總部離那家酒吧只有五分鐘的路程，被狡猾的計程車司機載了一個小時才抵達。那一小時的延遲碰巧讓我們逮到了洛拉某位執行董事的空檔，他剛好獨自在辦公室裡加班。我們說服他，我們可以創造授權營收，同時保護他們品牌的完整性。那次突襲造訪讓我簽下職業生涯中最大的一筆授權交易，那次成功和聰明才智無關，完全是憑著毅力，有句義大利的諺語是這麼說的：「堅持者始能征服。」

業務高管約翰‧邦尼克（John Barnickel）幾年前告訴我，他的醫療器材公司失去了一家大醫院的合約，於是他去拜訪醫院的主事者，看能不能挽回合約。由於醫院已經另簽新約，再過幾週新約就會生效，那次拜訪看似無望。但是邦尼克並不氣餒，他大膽懇請院方在舊約過期以前，考慮再下一次訂單。主事者回應：「你要證明你做得到。」幾天後，邦尼克收到一筆超過一百萬美元的醫療器材訂單。說到業績或人生，堅持

到底總是會有回報，最糟的結果不過是遭到對方拒絕而已。

我的貴人曾經告訴我，成交之前，絕對不能放棄。事實上，聖母大學（University of Notre Dame）做過一項研究，得出以下的結果：

- 44% 的業務員在推銷一次後就放棄，不再試圖拉進客戶或顧客。
- 24% 的業務員在推銷二次後就放棄。
- 14% 的業務員在推銷三次後就放棄。
- 12% 的業務員在推銷四次後就放棄。

重點是：94% 的業務員在推銷四次以前就放棄了，但研究也顯示，60% 的**銷售**是在推銷四次**以後**才成交的。這個驚人的統計數據顯示，94% 的業務員不給自己機會去賣給 60% 的潛在買家，那表示 60% 的生意就這樣擱著，沒人理會！

推銷要成功，就要堅持到底，你需要不屈不撓，要有毅力。

美國前總統柯立芝（Calvin Coolidge）對毅力提出以下的見解：「世上沒有什麼可以取代毅力。有才華也不行，有才華但失敗者比比皆是；天才也不行，懷才不遇已近約定俗成；教育也不行，落魄書生不知凡幾。唯有堅毅和決心無人能敵。『堅持到底』這標語已經幫人類解決了無數問題，永遠都會是解決問題的答案。」

啊，人之所及，應超越自己的極限，否則天堂何用？
——英國詩人羅勃特・白朗寧（Robert Browning）

放膽思考！

　　說到銷售，我們都應該放膽思考。貴人總是提醒我：「銷售遊艇和獨木舟一樣簡單！顧客都是問兩個問題：『價格多少？』『會不會沉？』」你投入的心血是一樣的，但是銷售遊艇的報酬比銷售獨木舟大，所以不要害怕跨出去挑戰遠大的事物，你應該放膽去追求遠大的目標！

　　聯邦快遞的董事長兼執行長弗雷德・史密斯（Fred Smith）就是放膽思考的典範，他也很懂得推銷自己。他還在耶魯大學就讀時，寫了一份學期報告，提議一套獨特的全球貨運與包裹遞送系統。他覺得挑戰美國郵政體系的時機已經成熟，他想得沒錯，後來他創立了聯邦快遞，如今是全球最大的快遞公司之一。當美國郵政決定在全美各地的郵局增設聯邦快遞的投遞箱時，那也是史密斯的生涯中最自豪的一刻。史密斯之所以成功，是因為他有遠見，又願意為了實現遠見，冒必要的風險。不過，他成功的主因是不怕失敗，不怕挑戰脆弱的美國郵政。

走出去實現個人目標

專注於個人目標

多數人在商業或工作上都能輕易設立目標，但是在個人生活方面卻不願意花時間這麼做。想要生活過得充實又有意義，設立個人目標和工作目標一樣重要。個人目標就像路標，指引我們正確的方向，讓我們看到隧道盡頭的亮光。

個人目標不該是固定不變的。就像商業目標會不斷改變一樣，生活中可能會發生一些事，促使你考慮調整目標。

一如商業目標常隨著市場狀況而變，你也應該每六個月就檢討一次個人目標。這樣做有一個很好的理由，因為突發事件往往會干擾生活，影響目標，例如失去摯愛、感情生變、失業、突如其來的災難。有些事件可能是正面的，例如生子、升遷或搬到熱鬧的新市鎮。設定目標不僅可以幫你專注於「想要」達成的事物，也可以幫你訂出時間表。

心有目標，即坐擁金山。

—— 佚名

目標 vs. 目的

多數人不知道「目標」和「目的」的差異何在，對此我感到相當驚訝。目的是比較籠統的概念，例如我想減肥。目標永遠是可量化的，有對應的數字和時間，例如我想在六週內減十磅，而且永不復胖。

以下是一些個人目標的例子，供你參考：

- 明年我要參加洛杉磯馬拉松，而且要跑完。
- 今年冬天開始，我要休假八個月，到世界各地航行。
- 我想在兩年內有個孩子。
- 我希望今年的投資組合增值 10%
- 我想在未來的十八個月，創立一家數位行銷顧問公司。

我們必須了解，實現個人的目標、夢想和願望，和實現工作上的目標是密不可分的。例如，我可能想買新房或新車，但是萬一我達不到商業目標、無法增加股票報酬、領不到年終獎金，或領不到佣金，達成目標的時間就會拖得更久。家裡增添新生兒時，你可能也需要增加收入，才能維持原有的生活型態。

說到目標設定，你可以試著這樣想：目標是有期限的夢想。模糊的目

標會產生什麼？模糊的結果。

把自己當成你可以變成的對象，並學習那個人的行事，不久就能弄假成真了。

——勵志作家辛希雅·科西

想像成功

　　成功的一大要件，是讓自己有成功的思維。激勵專家建議，為了達成目標，你需要想像最終的結果，你必須在達到目標以前，就在心中「看到」自己達到了。成功的人往往會做「心理預演」，自己寫成功的腳本。所以你常看到奧運的滑雪者運用「創意想像」，看到自己完美地穿過每個閘門，奪得金牌。超級房地產經紀人也會想像房子前掛上「售出」的標示（不過，最厲害的經紀人是已經看到自己領了佣金，買了新車！）。同樣的，訓練有素的空手道專家也會在劈斷磚頭以前就「看穿磚頭」，想像最終的結果。

　　有時候，能否「看見」最終目標甚至攸關成敗。一九五〇年代，長泳女將查倫絲（Florence Chadwick）為自己設了一個難以達成的目標。在此之前，她已經是第一位來回游過英吉利海峽的女性，這時三十四歲的她把目標設為第一位從卡特琳娜島（Catalina Island）游到加州海岸

的女性。一九五二年七月四日的早晨，大海像個大冰池，霧氣濃密，她幾乎看不到支援船隻。她眺望遠處，只看到一大片濃霧，身體因寒冷而僵麻。她已經游了近十六個小時，鯊魚在她的身邊游繞，只能靠支援船隻上的步槍射擊驅趕。她頂著冰冷又洶湧的浪濤，努力向前，有數百萬名觀眾看著現場直播。

她的母親和教練在附近的一艘船上，不斷地喊話，為她加油打氣。他們鼓勵她，目的地就快到了，但是她只看到眼前濃霧一片。查倫絲向來以不輕言放棄著稱，但是在距離海岸不到半哩的地方，她要求支援人員把她拉出冰冷的海水。等身體解凍以後，她告訴記者：「我不是想為自己辯解，不過如果我可以看到陸地，我可能會游上岸。」打敗她的不是疲累或冰冷的海水，而是阻擋視線的濃霧，因為她完全看不到目標。

兩個月後，她又再游一次，這次儘管還是有濃霧，但她從頭到尾專注不變，腦中有清楚的目標。她知道在那濃霧的後方就是陸地，就是她的目標所在。這次她果然成功了！成為第一位泳渡南加州卡特琳娜海峽的女性，當時她的速度還比男性的紀錄快兩小時。她的口頭禪是：即使你「看」不到旅程的終點，腦中永遠都要浮現目標。

據說前高爾夫球球王傑克‧尼克勞斯（Jack Nicklaus）在腦中想像完美的揮桿以前，也不會站上擊球區。夏克蒂‧葛文（Shakti Gawain）在暢銷書《心想事成：創造性視覺法》（Creative Visualization）裡提到，

注意力到哪裡，能量通常就會流到哪裡。愛因斯坦說：「想像力是一切，那是在預覽人生即將到來的魅力。」

在腦海中先想像你成功的樣子，接著堅持到底，就會實現夢想。

<blockquote>
正中紅心是百次偏離的結果。

——古諺
</blockquote>

告訴我們不該放棄的經典例子很多，以下是一些實例：

- 邱吉爾三十出頭時，已是首相的熱門人選，但是他直到六十六歲才坐上那高位。
- 連續劇的演員蘇珊·露奇（Susan Lucci）和獎座失之交臂十八次，一九九九年終於贏得夢寐以求的艾美獎。
- 科林·鮑威爾（Colin Powell）的第一份工作是在百事可樂的裝瓶公司拖地板。
- NFL 四分衛和最有價值球員寇特·華納（Kurt Warner）在加入聖路易公羊隊、贏得超級盃以前，是在超市當裝袋員。
- 愛因斯坦四歲才會說話，七歲才會閱讀。
- 貝多芬的音樂老師曾說他「沒指望成為作曲家」。

- 愛迪生發明燈泡以前失敗了四千多次。
- 一位報紙編輯開除華特‧迪士尼（Walt Disney），說他「缺乏創意」。
- CNN 創始人泰德‧透納（Ted Turner）大學時遭到開除學籍。
- 巴斯德在皇家學院就讀時，化學科教授給他的評價是「中等」。
- 金恩博士幼年求學時，老師說他永遠無法以熱情的演講激勵大家行動。
- 賽門‧考威爾（Simon Cowell）十五歲輟學，他製作出《美國偶像》節目以前，他的音樂公司才剛破產。
- 瑞克‧安凱爾（Rick Ainkel）在聖路易紅雀隊裡，是失敗的先發投手。但是換到外野後，他搖身變成優秀的外野手，表現出色。
- 賈伯斯三十歲時遭到自己創立的蘋果開除，他後來重回蘋果掌權，蘋果在他的過人領導下，成為全世界最有價值的公司之一。
- 彼得‧傑克森（Peter Jackson）幾乎遭到每個好萊塢片廠的拒絕，但他並未放棄，後來他在新線影業（New Line Cinema）找到資助者，執導出榮獲奧斯卡獎肯定的《魔戒》三部曲。《魔戒三部曲：王者再臨》（*Return of the King*）更是破紀錄贏得十一項奧斯卡獎。
- 暢銷小說家約翰‧葛里遜遭到數十家出版商的拒絕後，才賣出第一本小說《殺戮時刻》。

- 麥克・喬丹是很多人眼中有史以來最優異的籃球好手，但是高中時遭到籃球隊的除名。
- 華納兄弟抽走資金時，《貧民百萬富翁》（*Slumdog Millionaire*）本來可能永遠無法上映。後來福斯探照燈影業（Fox Searchlight）接手，該片獲得八項奧斯卡獎，包括最佳影片。
- 思科（Cisco）現在是全球最大科技公司，但是當初成立以前，曾遭到七十六家創投公司的回絕。
- 埃德加・倫特利亞（Edgar Renteria）二十二歲時屬於佛羅里達馬林魚隊，是世界大賽的英雄。十三年後，雖然受傷受阻，他還是擊出戲劇性的三分全壘打，讓舊金山巨人隊獲得五十六年來第一次的世界大賽冠軍。

成功不是以成功為基石，而是以失敗為基石。
——傳媒大亨桑納・雷史東（Sumner Redstone）

克服失敗的恐懼

高成就的人不怕失敗，他們覺得錯誤只是暫時的挫折或成功的墊腳石。失敗無可避免，那代表你有意跨出去冒險。實現夢想的人都知道，

失敗讓他們更接近目標。

辛希雅‧科西在引人入勝的著作《擋不住》中提到，我們都是經過失敗才達到目標，「能把失敗視為學習和改進的機會，是讓人難以抵擋的關鍵。難忍片刻失敗的人，這輩子注定平庸，因為他們永遠無法逼自己超越不安或不熟悉的臨界點。唯有超越那境界，才能抵達成功的彼岸。」

不過，有時候你需要小心你祈求的是什麼，因為你可能真的如願以償。有趣的是，很多彩券的頭獎得主都在中獎後的三到五年間，散盡所有彩金。很多心理學家認為，那是因為中獎者脫離了安適區，對自己新獲得的成果感到不安，才會回頭過領薪水的生活。重點在這裡：你必須為成功做好準備，否則成功可能帶你到你尚未準備好因應的地方。歷史學家阿諾‧湯恩比（Arnold Toynbee）曾說：「沒有什麼東西比成功更容易導致失敗。」

我自己就有一個親身例子。我的第一本書登上亞馬遜的暢銷榜時，出版商馬上要我開始構思下一本書，我說我還沒準備好，因為我需要更了解我剛寫好的那本書。我知道我和讀者仍在同一個旅程上，我需要身體力行書中宣揚的理念。

說到「沒有什麼東西比成功更容易導致失敗」，高成就的專業女性常害怕自己的智慧過於突出，因為那可能影響她們和男性之間的關係。《赫芬頓郵報》（*Huffington Post*）的發行人阿里安娜‧赫芬頓（Arianna

Huffington）很能體會莫琳・道（Maureen Dowd）在《要男人幹嘛?》（*Are Men Necessary?: When Sexes Collide*）裡提到的一個故事。莫琳・道回憶：「我有一位朋友得了普立茲獎，得獎當天她幾乎是哭著打電話來給我，她哀嚎：『現在沒人想跟我約會了！』」

人生有個重點是不能害怕失敗。你想想，大聯盟裡登上名人堂的打者是三次打擊錯失兩次！你算算：打擊三次才擊中一次，打擊率只要0.333，就有資格邁向棒球名人堂了。

愛默生告訴我們，成敗之差非常隱約，我們幾乎難以察覺自己跨過了那個分界。登上名人堂的棒球好手和一般熟練的球手之間，其實差異微乎其微。打擊率 0.250 的一般球手只要上場打二十四次多擊中兩球，他們也有機會躋身名人堂。貝比・魯斯（Babe Ruth）一度同時握有最多全壘打和最多三振的頭銜。事實上，一位記者大膽問他，他遭到三振時有何想法，他說：「很簡單，我想著全壘打。」

銷售和運動一樣，十次出擊只成功三次，那機率也不賴。前面提過，連最好的業務員都是十次被拒絕七次。傑出的業務員不會太在意拒絕，他們覺得那是成功的必經之路。業務員確實是很特殊的一群，畢竟，你認識多少人失敗率高達七成，還覺得那天很順利的？

不出手，等於失手百分百。

——加拿大冰球運動員韋恩·格雷茨基（Wayne Gretzky）

如果第一次沒成功……

有時候，最精彩的毅力故事就發生在自己的家族中。我侄子凱文上大學時，他已經知道這輩子想做什麼，他希望幫助有病痛的人，他想當醫生。

凱文的大學成績不錯，但是第一次考醫學院入學考試（MCAT）的成績不佳，他很失望。不過，他決定去念神經科學的碩士班，比較容易重新申請醫學院。後來他再考一次 MCAT，還是考不好，他很沮喪，不過他不想放棄，決定先當醫學研究員，之後再試一次醫學院。但是，他再考一次 MCAT 時，還是考不好，美國沒有一家醫學院要收他。

凱文依舊堅定不移，他決定申請加勒比群島上的小型醫學院，終於被錄取了。他的計畫很大膽：在小型醫學院先取得優等的成績，最後再回美國爭取住院實習的工作。

凱文在國外的小型醫學院非常認真，畢業時名列前茅，他向很多美國的學校申請住院實習的機會，然而備受推崇的史丹佛大學是他的首選。

只不過有個小問題：史丹佛的實習計畫鮮少錄取外國學生。

　　凱文去史丹佛面試時對答如流，面試官知道優秀的醫生不只了解醫學，更了解人生及克服逆境。他們一致認為史丹佛需要凱文那樣的醫生，所以凱文如願進入了全美最優異的住院實習計畫——這時距離他當年開始申請醫學院已經過了十年。

　　總之，失敗只是成功大道上的休息站，每個人偶爾都會碰到失敗，我們不能讓失敗的恐懼阻礙我們達成目標，不能因此剝奪自己充分發揮的潛能。傳奇性加州大學洛杉磯分校的籃球教練約翰・伍登（John Wooden）曾說：「害怕失敗的人鮮少遇見成功。」

專注目標的七個秘訣

1. **寫下來**。首先，寫下目標。你可以把目標寫在行事曆的背後，或存在電腦或智慧型手機裡，以便隨時檢討。清楚的目標是高成就者的基本配備。一項哈佛畢業生的研究發現，有 3% 的畢業生把目標寫下來，這 3% 的人二十年後的財務成就優於其他 97%。

2. **把目標放在看得到的地方**。把寫下的目標或最終結果的圖案貼在冰箱門上，或其他顯眼的地方。那可能是一句鼓舞人心的話，重申你實現目標的承諾。

3. **每日複誦肯定語句**。每天複誦一句呼應目標的肯定語句，例如：「今天，我會繼續朝著把書寫完的目標邁進。」

4. **公開**。告訴你尊敬或崇拜的人，你正在追求目標。那會給你一點壓力，但也會讓你專注於手邊的任務，也可以增加支持者。

5. **運用鮮明的象徵**。把代表最終目標的象徵放在辦公室或家裡，例如，如果你想搬到大索爾，就貼出海浪沖擊當地海岸線的照片。如果你想去義大利的波西塔諾（Positano）一遊，就去找阿瑪菲海岸的迷人照片，每天激勵你前往。

6. **想像成功**。腦中演練成功，在達成目標以前就想像你達成的樣子。

7. **正面心態**。目標能否達成，主要是和正面心態有關，信心比智商更重要。

本章指出，在事業或人生裡，東西賣出去以前，任何事情都不算真正發生。為了讓事情發生，我們不僅要推銷自己，也要設定可量化的個人目標。達成商業目標往往和實現個人目標息息相關。毅力通常是區分成功者與失敗者的關鍵差異。

銷售流程中的另一個關鍵因素是不怕失敗。失敗的教訓往往可以促成後來的成功。切記，正中紅心的箭，是射偏上百次以後的結果。

害怕失敗的人鮮少成功。

反思時間

害怕失敗是否阻礙你實現個人目標或商業目標？

Tallying your personal balance sheet

Point 11

分 析 損 益

盤點個人損益

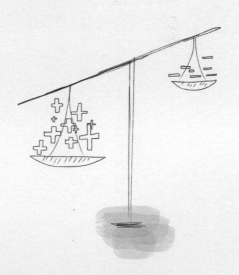

衡量財富的真正方式，是看你金錢盡失後有多少身價。

——佚名

++++

盤點自己，和回歸核心價值以提升自我身價有關。

　在商業方面，獲利是公司妥善執行行銷計畫原則的前述重點後，所獲得的合理報酬。獲利為公司、員工和股東創造價值。獲利也會創造就業機會，讓大家安居樂業，促進新產品的研發，讓公司有能力回饋社群，成為良好的企業公民。如今最受推崇的企業，不僅因獲利能力而受到重視，他們代表的核心價值也一樣重要。卓越的企業不只高調暢談核心價值而已，更是每天實踐。二○○○年代有許多之前備受推崇的企業偏離了核心價值，導致幾年前的經濟大衰退。

金錢一開口，真相即沉默。

——俄羅斯俗諺

金融危機

　　二〇〇八至二〇〇九年，金融海嘯撼動全球，促使我們退後一步重
新檢視核心價值。許多銀行、保險公司和房地產業者崩解，引發了自
一九二〇年代末期與一九三〇年代初期經濟大蕭條以來的最大金融危
機。一連串的金融災難凍結了全球信用市場，促使聯邦政府介入干預，
展開前所未見的紓困行動。房利美（Fannie Mae）和房地美（Freddie
Mac）這兩個有政府撐腰的單位原本是為了增加住宅信貸而設立，但
是在金融危機發生後，雙雙由美國政府接管。驚人的是，一度強大的
雷曼兄弟（Lehman Brothers Company）找不到買家，必須宣告破
產。坐困愁城的美林（Merrill Lynch）以跳樓大拍賣的賤價被美國銀
行（Bank of America）收購。美國國際集團（AIG）這個全美最大的
保險公司，獲得聯邦政府八百五十億美元的現金挹注才得以脫險。這些
事件發生幾個月後，摩根大通（J.P. Morgan Chase）接收華盛頓互惠
銀行（Washington Mutual）的剩餘資產（這是美國史上第二大的銀行
倒閉事件）。就連花旗集團之類一度備受敬重的機構也停止運作，不得
不向政府乞求金援以維持營運。此外，美國傳奇性的汽車公司克萊斯勒
（Chrysler）和通用汽車（General Motors）也雙雙宣布破產。

特權凌駕於原則的民族，很快即兩者盡失。

——艾森豪

　　經濟崩解的主要肇因，是次貸危機及房市暴跌。一九九〇年代末期聯邦政府調降利率，促使房市大漲十年。美國房價的飆漲，再加上政府持續放鬆管制，使很多原本沒資格獲得房貸（尤其是買第二間房）的民眾，買下他們其實負擔不起的房子。銀行胡亂核准高風險的次貸，這類房貸一開始只需付極低的「變動」利率，但是過了優惠期以後，利率即大幅上漲。對炒房的投機客來說，只要房價持續上漲，利率上揚並無大礙。但是二〇〇七年初房市泡沫破滅後，房價大跌，很多屋主付不出房貸，房屋遭到法拍。因此，銀行和房貸機構被迫沖銷高風險的房貸呆帳，損失數千億美元。這些沖銷把很多金融機構逼到了破產邊緣，一些大公司因此宣告破產，引起連鎖反應，使消費者的信心危機更加惡化，最後造成美國有史以來最大的股市崩盤，很多人的退休老本都遭到腰斬，甚至所剩無幾。

　　當消費者信心持續萎縮，零售消費降到最低點時，二〇〇九年初全美又目睹了另一起金融醜聞。柏尼‧馬多夫（Bernie Madoff）承認十一項聯邦罪行，坦承他以龐氏（Ponzi）騙局詐取了兩百億美元。此外，失業率飆升到多年來的高點，達到兩位數，迫使我們不得不重新評估我

們的價值觀，省思許多議題（例如職業生涯，曾經令人景仰的企業彷彿是搭建在流沙上）。

KKR 私募基金公司（Kohlberg, Kravis, Roberts and Company）的杰洛姆‧科爾博格（Jerome Kohlberg Jr.）針對美國企業的價值觀殞落，提出了以下的見解：「我們周遭隨處可見價值觀的崩解，不僅企業充斥著強烈的貪婪氣息，大家也不願意為自己信奉的道德觀和價值觀犧牲。在沒有犧牲下，道德就不再是道德，價值觀也失去了價值。於是，有些東西遭到遺棄，有些東西沒人堅持，有些東西就此消失。」

實話實說，就無須事事牢記。

——馬克‧吐溫

大蕭條促成創業風潮

有趣的是，大蕭條反而促成小型新創企業的蓬勃發展。大家失業後，開始重新思考職業生涯，想要掌握自己的命運。歷史證明，當其他人退縮時，反而是你進攻的最佳時機。需要證明嗎？聯邦快遞、微軟、CNN、MTV、維基百科等公司都是在經濟蕭條時期創立的。考夫曼基金會（Kaufman Foundation）發布的研究顯示，二〇〇九年動盪期的

創業人數，比之前十四年間的任一時間還多。

　　在二○○○年代的混亂中，有些公司反而更蓬勃發展了。這些經營良好的公司堅守核心價值，即使在動盪期間，獲利仍持續攀升。《富比士》雜誌整理了一份最受推崇的公司清單（以下是本書撰寫之際，名列那份清單的幾家佼佼者）。

蘋果

　　賈伯斯離開蘋果近十二年後，又回去重掌營運，當時蘋果正瀕臨破產。十三年後的今天，即使蘋果已經改由提姆‧庫克（Tim Cook）接任執行長，蘋果在我撰寫本書之際，市值仍高達三千九百億美元，是全球最有價值的科技公司。多年來，蘋果重新定義自己，從個人電腦公司轉型為全球最大的消費性電子公司，並在推出 iPad 和 iBook 以後，也大舉朝電子書的產業發展。

　　蘋果品牌已經變成企業界的一種文化現象，品牌強大到顧客儼然已經成為它的宣傳大使，蘋果用戶寧死也不願改換競爭對手的產品。蘋果在很多人的心中是全球最創新的公司，常把未來融入現在的產品設計中。過去十年，蘋果推出一系列的平台，包括：Mac OSX、iPhone OS、iTunes、新的零售專賣店、App 商店、iPad。這些創新將成為未來蘋果

開發創新產品的跳板。

蘋果之所以如此創新，不是因為他們從頭開始打造新產品，而是因為他們比競爭對手更善於設計與行銷既有的產品。雖然產品本身是蘋果的基石，卓越的行銷才是蘋果竄紅的關鍵。蘋果創造了獨特的「蘋果風格」語言，吸引了想要成為創意奇才的人。

創新又講究功能的設計，是蘋果成功的另一個關鍵要素。蘋果憑著近乎經典的設計，培養出一群死忠的愛好者。蘋果常從科技界以外尋找設計的靈感，例如，iPad 的設計源自於精緻的廚房家電及多種汽車設計（例如保時捷）。就連蘋果專賣店的設計，也比較像四季飯店的禮賓服務，不像一般零售店只是供應產品。

說到產品創新，賈伯斯不會對顧客提出的怪念頭產生過度的反應，他把顧客的意見當成靈感，而不是方向。在這方面，賈伯斯常喜歡引用汽車製造商亨利·福特（Henry Ford）的說法，福特曾說：「如果我問顧客想要什麼，他們應該會告訴我更快的馬。」蘋果的經典廣告「不同凡想」顯示，創新行動遠遠超越單純的文字。

西南航空

當許多航空公司辛苦維持生存時，西南航空持續憑著單純的服務、

出色的安全紀錄、準時的航班，在業界蓬勃發展。事實上，在本書撰寫之際，西南航空已經在航班數方面，變成全球最大的航空公司，連續三十七年都有獲利，這項卓越的紀錄竟然是出現在向來難以營利的產業裡。西南航空也以顧客投訴最少著稱，它有個明訂的目標，那就是讓航空飛行恢復樂趣。西南航空是靠一套成功的商業模式蓬勃發展：以許多短程的航班，飛往主要市場裡成本較低又方便的機場。西南航空不像其他航空公司那樣收取行李費，但他們仍允許旅客免費託運兩件行李。

西南航空覺得成功的最好方式是尊重員工，給予員工把工作做好所需的自主權和鼓勵。他們肯定抓對了什麼訣竅，因為他們年年登上《富比士》的「最佳職場」企業榜單。

寶僑

你的浴室、廚房的儲藏間、洗衣室裡，可能擺了很多寶僑的超紅品牌，例如汰漬（Tide）、黎明（Dawn）、唐尼（Downey）、金頂（Duracell）、吉列（Gillette）、佳潔士（Crest）、歐樂B（Oral-B）、品客（Pringles）、愛慕思（Iams）、海倫仙度絲（Head and Shoulders）、歐蕾（Olay）、潘婷（Pantene）、幫寶適（Pampers）、巧棉等等。下面是一個驚人的統計數據：地球上每位男女每年平均花十二美元買寶僑的產品！那是

真的，你沒看錯！

寶僑現在的目標，是在未來十年內把營收八百億美元的龐大公司，轉變成更靈活的成長型公司，方法是把觸角延伸到美國之外，深入中國、印度與非洲的開發中國家。公司的最終策略是，說服經濟比較不寬裕的人買寶僑的產品，以改善日常生活。寶僑也努力接觸更多的男性顧客，尤其是靠吉列品牌。

寶僑營運策略的關鍵是多元化，執行長麥睿博（Bob McDonald）指出：「如果我們自己不夠多元，就無法滿足五十億消費者的需求。」

亞馬遜

亞馬遜是網路時代的真實代表，它是全球最大的線上零售商及圖書販售商。一九九○年代中期，執行長貝佐斯創立亞馬遜，一開始是從書籍販售做起，後來逐漸擴充到 CD、電影、玩具、家具、居家清潔用品、雜貨、珠寶、美容產品和服裝。順道一提，亞馬遜的名稱是取自全球最大的亞馬遜河，公司的商標字體底下，有個箭頭從 A 延伸到 Z，他們的最終目標是銷售以各種字母為首的產品，如今看來亞馬遜正逐步實現那個目標。

二○○八年經濟崩盤時，多數公司開始縮編，但亞馬遜反而展開攻

勢，推出第一台電子書閱讀器 Kindle。基本上，亞馬遜等於創造了一個
全新的電子書市場，以折扣價來銷售書籍。亞馬遜的發明顛覆了傳統的
出版業，引來一連串的競爭者跨入這個新創領域，尤其是蘋果的 iPad。
二〇一〇年，Kindle 上的電子書銷售首次超越精裝本，對完全錯過機會
的出版業又敲了一記警鐘。

　　亞馬遜向來以獨特的「許可行銷」（consent marketing）著稱，他
們會持續追蹤忠實顧客的興趣，其運作方式如下：感謝您購買這本有關
邱吉爾的最新出版品，您知道亞馬遜還有另外三十本有關邱吉爾的書籍
及五部相關的電影嗎？我們已經有您的信用卡資料了，請按這裡。看來
亞馬遜未來幾年仍大有可為。

波克夏公司

　　若要說哪位執行長的智慧、誠信和大方讓人大為欽佩，很多人會選擇
經營波克夏公司（Berkshire Hathaway）的巴菲特。波克夏是一家獲利
極高的公司，年收超過一千億美元。巴菲特目前是全球身價排名第三的
富豪，財富估計有四百七十億美元。二〇〇六年，他承諾捐出 99% 的
財富給蓋茲基金會及其他的家族慈善單位，他也說服了數十位美國的億
萬富豪跟進，承諾捐出至少一半的財富給慈善單位，這些富豪包括媒體

大亨貝瑞‧迪勒（Barry Diller）和泰德‧透納。

　　巴菲特在波克夏創造財富的方式，是執行基本的保守投資策略。首先，他只投資他可以輕易了解、長期前景看好的公司。第二，那些公司必須是由誠實與能幹的人經營。第三，那些公司的股權或股價必須價格非常誘人。

　　波克夏利用這種方法投資了幾家績優企業，包括美國運通、可口可樂、卡夫食品（Kraft Foods）、富國銀行（Wells Fargo）。此外，波克夏也擁有蓋可保險公司（Geico Insurance Company）、鮮果布衣（Fruit of the Loom）、艾可美磚廠（Acme）、賈斯汀靴（Justin Boot）等品牌。

　　二〇〇八年美國經濟停滯時，波克夏是率先為金融體系挹注資金的公司之一。在金融危機的顛峰，波克夏以一百五十五億美元的現金，向短缺現金的公司購入股權，例如高盛（Goldman Sachs）、奇異（General Electric）、箭牌（Wrigley）。二〇〇九年，波克夏收購柏林頓北方聖塔菲鐵路公司（BNSF Railway）的全數持股。

　　巴菲特的投資理念應該在各商學院及人生學院裡傳授，以下是他對投資的一些睿智看法：

- 「以合理的價格買進好公司，比用超棒的價格買一家普通的公司好

多了。」

- 「沒人負責的金融體系或企業體系是糟糕的。你應該雇用已經熱愛目前工作的人。」
- 「我不找七呎高的標竿⋯⋯我找我跨得過的一呎標竿。」
- 「我們不把公司視為資產的最終擁有者⋯⋯我們把公司視為股東擁有資產的管道。」

　　巴菲特認為，事業經營除了要有獲利以外，也要講究誠信。巴菲特說：「聲譽要花二十年建立，但是摧毀只需五分鐘。」這些顯然都是我們可以留心的智慧箴言。儘管電影《華爾街》（*Wall Street*）裡有句名言：「貪婪是好事」，但事實正好相反，貪婪是不好的。

盤點個人損益

從良好的價值系統獲益

我們來談一下「我自己企業」的個人損益。你的個人損益和擁有良好的價值系統有很大的關係。良好的價值觀提升我們的權益和自我價值，糟糕的道德或價值觀降低我們的價值和自尊。我們身為個人，可以從良好的價值系統獲益。前面幾章提過，了解自己的關鍵要素，是決定什麼對你最重要。良好的價值系統為你代表及相信的價值觀奠定基礎，通常也決定我們在特定情況下如何行動，尤其是在動盪的時代—亦即人生變化太快或逼得太近的時候。良好的價值觀提供我們根據自我價值做人生選擇時所需的穩定基礎。管理顧問吉姆‧克萊默（Jim Clemmer）指出，核心價值觀讓我們對個人的底線有更強烈的感覺，他說：「了解我們的立場後，就明白我們不會做什麼事。」

想獲得尊重，要先自重。

—史蒂芬‧庫格勒（Steven H. Coogler）

找出核心價值觀

就像成功的事業一樣，每個人都需要花時間找出自己的核心價值觀。我同事丹‧貝克博士說：「當我們找出這些價值觀時，人生就有了重心和安全感，尤其是在混亂和困惑的時候。」

請看下一頁列出的核心價值觀，從中勾選出身心上最適合你的價值觀。在本書最後的練習單元，你會有機會縮減選項。

__ 真實   __ 專注   __ 原創

__ 平衡   __ 大方   __ 耐心

__ 勇敢   __ 努力   __ 和平

__ 理念導向   __ 樂於助人   __ 堅毅

__ 仁慈   __ 誠實   __ 虔誠

__ 社群導向   __ 可敬   __ 恭敬

__ 同情   __ 有希望   __ 尊敬

__ 膽識   __ 謙虛   __ 浪漫

__ 創意   __ 幽默   __ 安全

__ 專注   __ 有想像力   __ 靈性

__ 可靠   __ 激勵人心   __ 堅強

__ 有教養   __ 誠信   __ 支持

__ 同理心   __ 別出心裁   __ 體貼

__ 鼓舞人心   __ 喜樂   __ 值得信賴

__ 道德   __ 親切   __ 真實

__ 公平   __ 合理   __ 體諒

__ 忠實   __ 可愛   __ 獨特

__ 家庭導向   __ 忠心   __ 令人振奮

__ 健康導向   __ 指導後進   __ 睿智

__ 靈活   __ 心胸開放

找出並釐清你的核心價值觀，可以提供你一份虛擬的路線圖，在人生的旅程中指引你做出關鍵決策。價值觀是你的羅盤，指引你正確的方向，把你導向正軌。

當你的言行舉止符合核心價值觀時，會有更明確的目的感，亦即呼應真實自我的目的。

重新思考核心價值觀

經濟大蕭條以來最嚴重的金融危機，促成一套新美國價值觀的興起。在失業率高達兩位數、股市崩盤、房市低迷下，我們退後一步，重新評估核心價值觀，尤其是我們思考金錢與意義的方式，是很自然的反應。

如今美國不僅縮減開支，也開始排斥很多大家一度非常看重的醒目物質，例如一味求大但毫無特色的豪宅、金銀珠寶、耗油的休旅車、昂貴的假期。現在我們追求比較內在的報酬，例如陪伴家人的優質時光，個人成長，深厚感情，回饋社群。目前的趨勢顯然已經從追逐貪婪轉變成行善助人。

有錢當然不是壞事，但是當金錢擁有你時，本質上就有些不對勁了。

了解自己的價值所在，就不難做出決定。
　　──迪士尼共同創辦人羅伊‧迪士尼（Roy Disney）

　　行銷市調及大都會人壽（Met Life）二〇〇九年的美國價值觀研究顯示，美國人正重新校準他們對一切事物的評價（從職業生涯到他們為幸福與關係所做的投資）。總之，他們現在開始把焦點放在最重要的事物上，而非最不重要的事物上。

　　調查顯示，美國人逐漸回歸核心價值觀，我們來看一下我歸納的這個表：

過去	現在
只關注賺錢	同時關注賺錢和創造意義
債台高築	無債一身輕
淨值	自我價值
開支	儲蓄
招搖炫耀	不炫耀物質的財富
喜歡國外假期	國內的公路旅行或在家陪伴家人
五十五歲提早退休	工作保障，堅守崗位
為公司工作	自己創業
視家宅如「搖錢樹」	家宅是安居的地方
信任一度令人推崇的機構	信任是需要努力爭取的
擁有好幾台耗油的車子	擁有節能、經濟實惠的車子
自我中心	社群為重，樂於擔任志工
擁有好的職業生涯	工作／生活平衡
名牌產品	一般產品
超市	量販店
刷爆信用卡	扣帳卡
專注於最不重要的事物	專注於最重要的事物

黑暗中的曙光

可以理解的是，大家從經濟危機中記取的教訓，不見得都會永遠記住。你放心好了，等景氣回升，美國人又會繼續借貸和消費，但是現在已經有夠多的人受到衝擊，回歸內在的核心價值很可能會持續好一段時間。對年輕人來說，經歷這種經濟危機可能讓他們徹底改變，因為他們目睹了父母因財務受創而吃苦。

在這些根本價值觀的改變背後，美國人未來看待事物的觀點可能出現真正的行為轉變。事實上，有些心理學家認為，經濟蕭條可能對美國有一絲效益：逼我們退後一步，重新思考我們的核心價值系統。《錢》雜誌的特約撰稿人丹‧凱德雷克（Dan Kedlec）指出：「我們可以輕易看出，經濟危機其實是遲來的淨化。我們早就需要這種震撼，幫我們扭轉多年來養成的金融惡習及有害態度。」

塑造價值系統

如何塑造價值系統，向來有多種不同的看法。很多專家指出，價值系統是幼時形成的，通常是在八至十二歲之間，所以你常聽到排隊領過救濟食物以及在一九三〇年代大蕭條時期成長的人，說出類似下面充滿危

機意識的話：

「省一毛即賺一毛，未雨綢繆。」

「盤裡的飯菜要吃乾淨，世界其他地方還有窮人挨餓。」

「你是什麼意思？都已經念大四了，還不知道自己想做什麼？」

不過，嬰兒潮世代（生於一九四六到一九六四年之間）可能不像生於大蕭條年代的父母那麼有危機意識，為什麼？因為嬰兒潮世代習慣質疑現有的組織和舊觀念，他們當然也會質疑退休生活的傳統概念。他們可能希望退休以後不只是打高爾夫和玩賓果遊戲而已。嬰兒潮世代對體驗和探索的追尋，和父母輩關切的財務保障一樣多。

貝克博士提醒我們，價值觀會隨著年齡的增長以及經歷的風雨或人生階段而改變。以下是貝克在我們《人生行銷計畫》的研討會上使用的圖表。

年齡	價值觀的來源
6-8 歲	家庭
8-12 歲	偶像
12-20 歲	同儕
21 歲以上	人生經驗

我看這張表，再想想自己的人生，覺得貝克博士的確點出了重點。我六到八歲時，母親是影響我的主力，因為我父親長時間在餐廳裡工作。我母親是紅髮愛爾蘭裔的天主教徒，脾氣暴躁，不見得認同我深髮猶太裔的父親。但他們對重要的事情的確有共識，因為他們有同樣良好的價值系統。他們從小就教育我們要尊重不同的族裔和宗教信仰。我覺得他們從小灌輸我們的核心價值觀，對我的職業生涯有很大的幫助，尤其是我開發國外事業的時候，因為我會注意到種族、文化、宗教的細微差異，讓我有效地行銷至其他國家。

　　小時候，我很崇拜棒球偶像米奇‧曼托（Mickey Mantle）和紐約洋基隊。要是洋基隊輸了，或是曼托揮棒落空，我那天的心情就很低落（我知道很多人對兒時的偶像也有類似的感受）。

　　十二到二十歲的時候，我和多數人差不多，想要融入同儕，於是我參加了很多社團和兄弟會，想辦法成為其中一員。二十一歲以後，我確實是受到人生經驗的影響（從大學到多個管理職位，再到最近我父母過世，以及瞬息萬變的世界動態）。當我停下來思考時，發現這本書是深受我人生體驗和核心價值系統的影響而自然衍生的產物。不過，就像某人說的：「我的最終目標是當個好人，像我的狗早就認定的那麼好。」

　　馬可娃在發人深省的著作《死而無憾》裡，對於核心價值提出了以下開明的觀點：「你的價值觀是人生的啟動情報，指引你去做只有你才能

做到的崇高任務。在人生的某些時刻，我們會展現這些價值觀。它們的重要性不僅在於我們了解的意義，也在於那些時刻如何形塑我們。」

你的核心價值就像船隻抵達安全港，有一盞明燈隨時指引著你歸航，尤其是在風暴中以及如今的動盪時期。切記，當你的外在世界反映出你的內在世界時，你的價值觀和自我價值都會飆升。

總歸一句就是：本質上我們代表著我們重視的價值。貓王曾說：「價值觀就像指紋，人人都不一樣，但是你做任何事情都會留下痕跡。」

沒人能夠奪走你的核心價值或存在的本質，除非你讓他們那樣做，千萬別放任他們。

盤點個人誠信

每次你依循核心價值行事時，就是在作家羅傑‧梅瑞爾和蕾蓓嘉‧梅瑞爾所謂的「個人誠信帳戶」中存款。他們指出，那是你最重要的信任帳號，反映出你對於「你和真實自我的關係」有多少信任。你愈符合核心價值系統，就會做愈多重要的事，在你的個人帳戶中存入愈多。當這個帳戶裡有愈多的核心價值時，你愈有可能感受到高度的自尊和自我價值。

做正確的事，時間永遠合適。

—— 金恩博士

　　我的自我價值感在我辭掉一份好工作時達到了最高點，那份工作雖然薪水很高，但公司的價值觀和我自己的不符。

　　某年春天，老闆要我錄取一位在頂尖商學院主修行銷的 MBA 來暑期實習，我們姑且稱這位實習生為亞當吧。但我老闆拋給我一個我覺得不太道德的變化球：他希望我欺騙亞當，公司未來會給他全職工作，以便吸引他來當實習生，幫忙做一個大案子，但是在暑假結束後，不管他表現得如何，都要把他開除。我非常反對這個提案，老闆回覆我：「我相信你會在暑假結束時做出正確的事。」我毫不遲疑地回應：「相信我，我會做正確的事。」

　　於是，我們錄取亞當為暑期實習生，他表現得相當出色，深受大家的喜愛和尊重。暑假快結束時，老闆來我的辦公室，問我把亞當開除了沒。我告訴他，把那樣有才華的人開除是不道德的，尤其我們又已經承諾給他全職的工作，所以他必須先開除我。我老闆拿出升遷為條件，鼓勵我照他的話做。我拒絕了，並提出辭呈。老闆勸我留下來，但我說我心意已決。

　　後續幾週，我才意識到我那樣做的意義。我失業了，新工作又毫無眉

目，無處可去，還有沉重的房貸負擔。我雖然害怕，卻也覺得爽快極了！我從來不缺自信，但是那是我有生以來第一次覺得我還有更多的東西：我有高度的自尊和真實的自我價值觀。說到價值觀，老闆的惡劣正好也教了我一課。順道一提，我只花了兩週時間就找到另一份更好的工作，我想，可能是因為我重新燃起的自我價值在面試過程中充分展現了吧。

升值

　　史都華・欽默曼（Stuart Zimmerman）和傑瑞德・羅森（Jared Rosen）在發人深省的著作《內在安全與無限財富》（*Inner Security and Infinite Wealth*）裡提醒我們，很多東西都會升值。股票會升值，房子會升值，連你蒐集的棒球卡都會升值。你自己也會升值，你的自我價值可能扶搖直上。當你重視自己，行事符合核心價值系統時，你的自我價值感就會大幅攀升。不過，更重要的是，你會過著豐富充實的生活。

如果你有誠信，其他一切都不重要。如果你沒有誠信，其他一切都沒有用。
　　　　　　　　——參議員艾倫・辛普森（Alan Simpson）

充分認識你的核心價值觀，是在人生中做睿智選擇的關鍵要素。無論是買房、選擇合作夥伴或工作，核心價值觀都會影響你的決定。價值系統是人生一切重要決策的起點和終點，不過，有時在決策過程中，我們可能忘了把它們考慮進去，或考慮得不夠多。

一家亞利桑那州的大公司積極招募我的朋友比爾加入，那個新的工作機會看起來似乎好到不可思議，該有的都有了。高薪？有！好天氣？有！福利？有！令人興奮的產品？有！誠信的老闆？沒有。

面試時，那位老闆扯了幾個謊，包括公司的新產品會提早上市。比爾從上次的面試知道，新產品可能延後上市一年以上，他也注意到那家公司不斷打廣告宣稱新產品「很快就會上市」。老闆對公司的業績預測也大幅灌水，那預測值和比爾可能拿到的紅利獎金有直接的關係。比爾雖然覺得這個新老闆不見得會履行承諾，可能也缺乏誠信，但他還是接下那份工作。也許是亞利桑那州的陽光太強，讓他昏了頭吧。你可能已經猜到故事的結局了，比爾不到一年就辭職，因為老闆要求他為還沒開發出來的產品打不實的廣告。比爾沒想到，當老闆缺乏誠信時，其他的一切效益也都是浮雲。

淨值 vs. 自我價值

二〇〇〇年到二〇〇二年網路泡沫破滅以後，以及二〇〇八年到二〇〇九年的經濟危機以後，我們很容易就陷入讓個人淨值決定自我價值的陷阱。

當我們的持股或退休金腰斬時，特別難靜下心來盯著電腦螢幕。至於失業又難以找到新工作的人，就更難熬了。看到房子的價格持續下跌，甚至遭到法拍，都是痛苦不堪的事。當這種危機來襲時，我們不僅感到沮喪，也覺得個人價值低落。這時我們需要不斷地提醒自己，擁有多少錢並不代表我們的全部，或是我們會變成什麼樣的人。有人說過：「衡量財富的真正方式，是看你金錢盡失後有多少身價。」自我價值和淨值顯然是不一樣的東西，但我們常把它們混為一談。淨值是你的資產減去負債，自我價值則是指自尊或自重。我們都需要有足夠的金錢，才能支付帳單及獲得溫飽，但是就像暢銷作家華理克所說的，我們的價值「不該由我們的貴重物品來決定」。事實上，增加我們對他人的價值，比用貴重物品決定自己的價值更有意義。

然而，不論你喜不喜歡，我們的文化還是把淨值和自我價值混為一談，純粹以金錢和物質來衡量成功並不罕見。黛博拉・普萊斯（Deborah L. Price）在《金錢療癒》（*Money Therapy*）裡，以一句話道盡了一切：

「由於我們常對個人淨值感到不滿，使得自我價值貶值了，自尊也消沉了。」這是因為我們沒有跳脫個人淨值，去欣賞自己的獨特性有多麼寶貴。多數人從不覺得自己有足夠的錢，我們愈有錢，想要的愈多。我們愈沒錢，愈想跟別人比，因此給自己愈大的壓力，那通常會影響我們的自尊。我們明顯缺乏安全感，只有在意識到真正的安全感存在於別人永遠奪不走的東西時，你才會持續感到高度的自我價值和自尊。

當你有良好的特質和價值觀時，你才擁有真正的財富。你的真實身價不只是以金錢來衡量，也看你做到誠信時的內在安全感。

當塵埃落定時，人生無關乎你的收入有幾個零，開什麼名車，穿什麼華服，住家有多大。你的淨值無論再怎麼大，都無法取代你的誠信與真實性格。別誤會我的意思，有安全感，負擔得起生活中的美好事物當然是好事，但是真正重要的是，你變成什麼人，以及你如何運用財富來幫助他人。

人生變成價值觀的體現時，對世界的貢獻最大。
——美國生涯指導作家雪柔·理查森（Cheryl Richardson）

重塑美國夢

美國夢顯然尚未幻滅，仍然活躍著，尤其是在來美國尋找樂土的移民身上。不過，我們需要重新複習一下，當初讓美國如此卓越的原因。「獨立宣言」告訴我們人生、自由及追求幸福的價值，那份不朽的偉大文件裡並未提到「每個鍋裡都有四隻雞」，人人擁有兩間房，家家有台耗油的休旅車。

經濟危機雖然造成很大的衝擊，或許那也是讓我們重新塑造美國夢的機會──一個專注於先人價值觀的美國夢；一個對自我價值及個人淨值一樣重視的美國夢。

提升自我價值的七個秘訣

無論你的自我價值是高是低，以下是提升自我價值的一些步驟：

1. **欣賞自己的獨特性**。切記，歷史上再也找不到另一個你，你應該運用你的獨特優點，爲他人創造價值和歡樂。

2. **負起全責**。爲過去的行動和錯誤承擔責任，接著就繼續向前邁進，沒有人是完美無瑕的，別太苛責自己。

3. **要有目的**。人生的一大悲劇是沒有目的。當你每天起床都有目的時，自尊也會提升。花點時間用第一章提過的練習，定義你的目的。

4. **設定可量化的目標**。不只高成就者會寫下清楚的目標，幸福快樂的人也會。別忘了設定個人目標及職業目標，目標必須是可以量化的，要附帶時間和數字。

5. **打造個人品牌**。你是個人品牌「我自己企業」的執行長。當你打造個人品牌時，基本上是爲「你是誰」以及「你爲他人提供的價值」打造一個講壇。

6. **別讓標籤限制你**。切記，你做什麼雖然重要，但是那不代表你的全部。你不只是肉販、麵包師傅，或蠟燭製作者而已，你也是人母、人父、

朋友、關心社群的人。

7. 大方分享時間。即使你的錢不多，你還是可以大方運用時間來支持別人的重要理念。例如參與兒童群益會（Boys and Girls Club），到附近的醫院幫忙，或是加入某些值得參與的理念活動，這些都可以大幅提升你的自我價值。

＋＋＋＋ 本章摘要

本章強調獲利的重要，但不是為了獲利而不惜一切代價。現今的商業道德或價值觀都受到嚴格的檢視。一家公司有良好的道德操守和經營價值觀時，可以大幅提升公司的整體價值。

同理，個人的整體評價也跟核心價值系統有很大的關係。好的價值觀提升我們的身價和自尊。好的價值系統常伴隨較高的自尊心。我們的價值系統是我們沉潛的避風港，尤其是在動盪的時代。當你遵守核心價值時，你是專注的，有比較清楚的目的感。當外在生活和內在感受相互呼應時，我們更有能力為世界貢獻一己之力。總歸一句就是：本質上我們代表著我們重視的價值。漢彌爾頓（Alexander Hamilton）曾說：「毫無理念的人，容易誤信任何事。」

你的核心價值觀曾受到嚴峻的考驗嗎？你有高度的自我價值感嗎？

make your dreams
come
true

建 立 機 會 目 標

實 現 夢 想

12

——美國演員約翰·巴里摩（John Barrymore）

++++

個人方面，計畫的這個階段是實現夢想。在商業上，夢想是指符合公司核心競爭力的機會目標（targets of opportunity）或是未來產品與服務的遠見。就某種意義上來說，這是行銷計畫的夢想單元。

幫公司穩定成長及創造更多業務有多種方法，通常如願達成時，員工和股東的目標、夢想、願望也都實現了。我們來看公司達成成長目標的幾個方法。

實現夢想

310

新產品和服務

迪士尼公司是產品和服務不斷推陳出新的好例子。他們一開始是動畫公司，接著成立製片廠，然後又跨足主題公園，製作週日晚上的電視節目，接著是授權產品品牌。後來，迪士尼開了數百家零售店，專賣迪士尼旗下的動畫人物和產品。迪士尼後來收購 ABC 電視網和 ESPN，這是他們家庭娛樂策略的一部分。接著，在 ESPN 的旗艦電視台之外，他

們又陸續推出其他頻道：ESPN 2、ESPN360、ESPN 3D、ESPN 經典台、ESPN 拉丁美洲、ESPN 雜誌、ESPN 戰略、ESPN 足球網。ESPN 靠這些不斷推陳出新的產品和服務，變成迪士尼旗下最大的利潤中心。亞馬遜是另一個靠推陳出新創造更多業務的好例子。亞馬遜從一開始在網路上賣實體書，擴展到電子書和 Kindle，另外也跨足其他產品類別，包括電影、音樂、電腦、辦公設備、家用清潔用品、園藝用品、美妝品，而且步調從未減緩。

建立新事業部

公司往往會建立新的事業部，以便進一步實現商業目標。多數公司都設有國際事業部，主要是為了打進海外市場。有些公司是為了最大的客戶另外成立專屬事業部，我在摩托羅拉工作時，我們有一個「新事業群」，主要是開發新業務。奇異設立融資部，幫顧客分期購買產品和服務，結果變成奇異的一大獲利中心（不過，我必須補充，這個部門在二〇〇八年金融危機時損失慘重）。

引人注目的聯盟與合作

豪華皮件商 Coach 和豪華汽車製造商 Lexus 合作打造 Coach 特別版的汽車。艾迪鮑爾和福特汽車合作，開發出艾迪鮑爾版的 Ford Explore 汽車。星巴克和聯合航空結成聯盟，一起改善飛機上供應的咖啡，同時把星巴克的品牌延伸到海外市場。

高山環保會和高樂氏的自然清潔用品 Green Works 品牌合作，以鼓勵其他廠商也推出「環保」產品線。高山環保會後來因為收費為 Green Works 背書，受到嚴厲抨擊。不過，他們的策略是運用「高山環保會」的名聲，幫大企業把環保產品推廣給美國大眾。

Lexus、荒原路華（Land Rover）之類的豪華汽車製造商和許多豪華度假村也有合作，他們讓賓客免費在度假村裡使用汽車，藉此提升曝光率。

併購

在併購方面，一家公司常為了取得互補能力或振興品牌而收購另一家公司。甲骨文（Oracle）收購昇陽（Sun Microsystems），讓它跨足伺服器和儲存市場。谷歌收購 YouTube，大舉擴充了客群。亞馬遜收購善於經營社交網路及培養顧客忠誠度的捷步（Zappos），進軍鞋類、服飾、

家用品的產業。在消費電子業裡，Panasonic 收購三洋，以取得三洋在環保能源、太陽能板、可充電電池方面的專業。卡夫收購英國的糖果製造商吉百利（Cadbury），合併後的公司瞬間成為巧克力和糖果界的全球領導者。

創造新的加值收入

在創造新的收入方面，電話公司總是創意十足，而且他們依舊留在自己擅長的領域裡。你收到電話帳單時，會看到他們又針對幾項加值服務，收取額外的費用，例如來電待接、來電轉接、來電顯示、來電管家、迅速撥號、多方通話等等。其他以增值產品或服務創造額外收入的例子包括：體育館內的豪華包廂，大型商場的代客泊車服務。

授權

開發授權計畫是讓公司成長的一大途徑。我們應該把授權視為一種策略行銷手段，它讓公司把品牌延伸到新的市場類別，同時持續打造核心產品的品牌知名度。增添新的產品類別可以增加品牌的靈活度，但是新的類別應該要符合公司的品牌形象和市場定位。時尚品牌拉夫勞倫

（Ralph Lauren）跨入高級油漆的市場，爲了配合授權夥伴，拉夫勞倫常按季更新全美最佳五金行裡的時尚用色。

授權的關鍵在於忠於品牌。我獲得比比授權光學眼鏡和太陽眼鏡等產品後，他們要求我到舊金山附近的全球總部，簡報品牌的定位。接見我的是史丹佛大學畢業的行銷長，他相當聰明，也很有魅力（畢竟這裡是比比）。我自信地簡報我爲比比設定的品牌定位：爲自信女性打造的眼鏡，帶點性感。結果他們回應：「我們不是提供一點性感，我們提供的是純粹的性感，打從品牌創立以來就是如此。」顯然聖經地帶[8]（bible belt）不是比比的主要目標客群⋯⋯但是，嘿，這種事你永遠無法眞的摸透。

實現夢想

別害怕夢想與現實之間的差距，只要有夢，就能實現。
—— 美國新聞工作者蓓爾法・戴維斯（Belva Davis）

實現個人夢想

個人就像一家成長中的公司，個人的機會目標也和實現夢想有關。但是有夢想是一回事，有白日夢又是另一回事。就像優良的企業一樣，你必須確定夢想是你個人的重要組成，夢想必須符合你個人的核心優勢及心之所欲。

推陳出新不僅適用於事業上，也適用於個人。如果你是非小說類的作家，可以考慮寫部落格、開雜誌專欄、發行電子報，或是開個人網站。以你的核心競爭力為基礎，可以做很多合理的延伸。

在人生中，我們往往會去尋找擁有某種技巧的人，來幫助我們實現夢想。例如，聘請專業建築師及室內設計師來幫我們把需要修繕的房子轉變成夢幻住家；請股票經紀人幫我們規劃一套投資組合以實現夢想。當我們把部分的圓夢計畫交由他人來幫忙時，可以更快實現夢想。

公司和個人有勇氣創造延伸的自我、同時不忘自己的實力時，就能把

握機會，實現夢想。他們創造了成長機會，但依舊維持在核心競爭力的範圍內。他們知道自己為了實現夢想，可以延伸多遠。

這裡有一點需要提醒：別去追求你達不到的東西。我可能夢想成為某支大聯盟棒球隊的行銷長，但是如果我的目標是成為財務長，那夢想可能會變成夢魘。缺乏那份工作的必要技巧和興趣，我等於是在暴露自己的缺點，而不是發揮專長。夢想要遠大，但不能忘了自己是誰。

不可能實現的夢想

美國奧運曲棍球的教練赫布·布魯克斯（Herb Brooks）有個夢想，他希望指導年輕的曲棍球員，奪得一九八〇年紐約州普萊西湖（Lake Placid）冬季奧運的金牌。大家認為他的目標是「不可能實現的夢想」，因為他的球隊敵不過當時稱霸世界曲棍球界的蘇聯隊。事實上，蘇聯隊在奧運會的前一週，才在紐約的麥迪遜花園廣場（Madison Square Garden），以十比三打敗美國大學生組成的球隊。

但是，布魯克斯說服了缺乏經驗的年輕球員，讓他們相信了那個不可能的夢想。他們在比賽中大爆冷門，以四比三贏了大家看好的俄羅斯隊，震驚全球，如今那場比賽被稱為「冰上奇蹟」。直到今日，那場比賽仍是美國人最津津樂道的爆冷門比賽。在比賽的最後幾秒，播報員艾爾·

邁克斯（Al Michaels）做出了如今已成經典的播報：「你相信奇蹟嗎？沒錯！」美國隊幾天後又擊敗芬蘭隊，奪得金牌，贏得全美的愛戴。布魯克斯鼓舞與激勵球員相信他們的夢想，夢想因此得以實現，也成了一樁傳奇不朽的體壇故事。

> 一切都是從夢想和一隻老鼠開始的。
> ——華特・迪士尼

華特・迪士尼實現了另一種夢想。他的童年夢想是畫漫畫，但是青年時期，一位堪薩斯市的編輯強烈建議他放棄繪畫，說他缺乏藝術天賦與才華。迪士尼還是持續找機會，但一再遭到拒絕。最後，一間教會聘請他畫一些基本的宣傳文宣。他在老舊昏暗的車庫工作時，和一隻小老鼠變成了朋友，那隻小老鼠啓發他創造出米老鼠的角色。不久，迪士尼和老鼠創造出更大的夢想，後續的發展如今已眾所皆知。

> 放膽住進你的空中閣樓，彷彿那是理所當然。
> ——美國教育家、作家吉因・藍德倫（Gene Landrum）

對歐普拉來說，她的夢想確實實現了，不過是在經歷了諸多考驗、磨

難及拚命努力以後。歐普拉出生在密西西比州一個樸實的小農村，幼時不幸遭到性侵，後來搬到田納西州的納什維爾，跟父親同住。少女時期，歐普拉讀了很多有關男女英雄豪傑的書籍，啓發她懷抱夢想。她從田納西州立大學畢業後，開始在納什維爾廣播電台和電視台工作。後來，歐普拉搬到巴爾的摩，主持一個電視談話節目，名叫《大家說》（*People Are Talking*）。那節目一炮而紅，於是她又開了另一個談話節目《芝加哥上午》（*A.M. Chicago*）。那時段的最大競爭者是菲爾·唐納休（Phil Donahue），當時唐納休是日間談話節目界的霸主。但是不到幾個月，歐普拉就以其獨特、溫馨、感性的個人特質，吸引了比唐納休還要多的觀衆，成爲收視冠軍。那次成功讓她獲得全美的一致好評，並在史蒂芬·史匹柏一九八五年執導的電影《紫色姐妹花》中演出，以戲中的角色贏得奧斯卡最佳女配角的提名。

　　歐普拉接著於一九八六年推出《歐普拉有約》（*Oprah Winfrey Show*），成爲全美聯播的節目。那節目連續十六季蟬聯談話性節目的收視冠軍，在本書撰寫之際已贏得四十七座艾美獎，是電視史上收視最高的談話節目。隨著收視率的增加，歐普拉的談話主題逐漸從聳動的話題，轉向幫人轉變人生的話題。她成立電視讀書會，目的是提升全美對閱讀的興趣，尤其是鼓舞人心的議題。

　　現在歐普拉更直接擁有整個頻道，爲了進一步推廣她的人生理念，二

○一一年她推出歐普拉有線頻道。歐普拉從卑微的出身開始，到後來不僅成為遠見家，更啓發與鼓舞了全世界數百萬人相信，他們的夢想也能成眞。如果她能做到，你也可以。

JK 羅琳（J.K. Rowling）在平快火車上以紙巾開始勾勒出哈利波特系列時，她是失業的單親媽媽，需要靠政府的救濟金生活。十二家出版社拒絕出版她的第一本小說《哈利波特：神秘的魔法石》（*Harry Potter and the Philosophers Stone*），最後一家小出版社決定給她一次機會，先預付她一點權利金。哈利波特系列後來席捲全球，後續翻拍的電影也贏得奧斯卡獎，使羅琳變成全球娛樂界第二富有的女性，僅次於………你猜對了……歐普拉。

對多數人來說，最大的風險不在於把目標設得太高而沒達成，而是把目標設得太低又達成了。

——米開朗基羅

無論你想實現個人夢想或專業目標，周遭一定要有正面思考的人（亦即優質聯盟）。足球教練盧‧霍茲（Lou Holtz）以他最擅長的事—亦即指導足球—實現了夢想，不過他也有一位正面思考的賢內助，鼓勵他去實現「不可能的夢想」。事實上，霍茲實現夢想的方式很有趣，他在

筆記上寫下一到一百個夢想，達成一個就畫掉。當他在明尼蘇達大學擔任助理教練時，他就夢想有一天能成爲聖母大學的總教練——那可說是任何大學足球教練的夢幻工作。他夢想贏得全國大學足球錦標賽，也夢想造訪白宮，以及見到教宗。那些都是高難度的夢想，但是他都設法實現了。

他是這樣辦到的：他在明尼蘇達大學指導球隊時，讓球隊反敗爲勝，幾年後獲得聖母大學總教練的職位，帶隊贏得全國冠軍，因此有機會到白宮會見總統，後來去歐洲時又見到了教宗。霍茲把他的夢想寫在筆記裡，夢想實現後就畫掉。就某種意義上來說，他的夢想筆記變成了實現筆記。

> 夢想免費，所以釋放夢想吧。
> ——勵志作家艾絲翠·愛勞達（Astrid Alauda）

釋放夢想

追求與實現夢想不是一條直線的高速公路。就像人生的其他挑戰，沿途會有坑坑洞洞與阻礙。界定好夢想以後，就要行動，全力以赴，卯足正面能量。關鍵在於有勇氣堅持下去，持續朝夢想前進，夢想就會實現。

重點是：如果你有夢想，能把它想像出來，就能做到。愛蓮娜·羅斯福（Eleanor Roosevelt）曾說：「未來是屬於那些相信夢想之美的人。」

　你的夢想是什麼？你可以想像出來嗎？你是不是一直想當編劇或作家？你夢想和信賴的夥伴一起創業嗎？你夢想多陪伴家人嗎？你夢想成立慈善基金會嗎？航行到世界各地？過快樂的退休生活？你夢想自己毅然起身，對人生中的重要事情採取行動嗎？在我們好勝的人性裡，都有力量實現夢想。如果你打從心底去建構夢想，熱情地去追求，你可以實現任何你有心完成的事。我想清楚強調一點：我們每個人都需要有夢想，都需要讓夢想起飛，飛得高遠。別羈絆著你的夢想，你應該繼續逐夢，釋放夢想。人生的一大悲劇是毫無夢想。

　在所有言語或筆墨表達的可悲話語中，最可悲的莫過於悔不當初。
　——美國詩人約翰·格林理夫·惠蒂埃（John Greenleaf Whittier）

別讓任何人攻擊你的夢想

　作者蒙蒂·羅伯茨（Monty Roberts）把攻擊夢想的人稱爲「盜夢者」。羅伯茨讀高中時，老師要求他們寫學期報告，題目是長大後想做的事。羅伯茨說他想擁有兩百英畝的農場，畜養純種賽馬。老師給他的報告打

了不及格，說他的夢想是不切實際的白日夢。

　　羅伯茨出身貧困家庭，老師覺得窮苦人家的孩子怎麼可能有足夠的錢買地，更別說是養賽馬了。老師又給羅伯茨一次機會，重寫比較實際的學期報告，以便獲得較高的成績，但是他告訴老師：「你留下不及格的成績吧，我自己要留下夢想。」

　　人生中總是有人會想要盜取或阻礙你的夢想，這是無法改變的事實。別為了懷疑者而放棄夢想，總是會有自以為專業的人或反對者在一旁冷言冷語或勸你放棄，你不是他們的提線木偶，千萬不要妥協。

　　作家兼演講家賴瑞·辛茲（Larry Hinds）曾說，這世上總是有「小偷」想要偷走我們的夢想，他們試圖剝奪或改變我們達成目標的心態。這些小偷偽裝成多種不同的形式，有些是勸你打消念頭的父母，有些是抱持懷疑的夥伴或同事。有時候，那小偷可能是不相信你能完成夢想的朋友，他們不希望你因為追逐夢想而受傷。

奮鬥者實現夢想者相信的夢。
——亞瑟小子的母親瓊塔·巴頓（Jonetta Patton）

　　別讓他人攻擊你的夢想，別聽信別人說你不夠好、不夠高、天分不夠，或不夠富有。以下有許多例子證明為什麼我們不該聽信懷疑者。

- 蘋果的賈伯斯去惠普展示他和沃茲尼亞克開發的個人電腦，希望獲得他們的青睞，結果遭到拒絕，理由是他還沒念完大學。
- 很少所謂的行銷專家認為愛維養（Evian）可以用一罐超過兩美元的價格賣淨水，畢竟打開水龍頭就能喝到的水，誰想付錢購買？
- 芭芭拉‧史翠珊的母親告訴她，她不夠漂亮，當不成演員，唱得也不夠好，無法當歌星。
- 一家紐約的出版社告訴詹姆斯‧米契納（James Michener），他應該繼續當編輯，別想要當作家。米契納依舊寫了第一本書《南太平洋故事集》（Tales of the South Pacific），贏得了普立茲文學獎。
- 倫納德‧伯恩斯坦（Leonard Bernstein）年輕時，父親一直要他放棄音樂，去找一份實際的工作。多年後，當伯恩斯坦成為美國最成功的作曲家時，有人問他父親，當初為什麼沒鼓勵兒子，他父親回應：「我哪知道他會變成家喻戶曉的倫納德‧伯恩斯坦？」
- 歌手珍妮佛‧哈德森（Jennifer Hudson）雖然在《美國偶像》中落敗，但後來以《夢幻女郎》（Dream Girls）中的精湛演出，獲得奧斯卡最佳女配角獎。
- 有自閉症的高中籃球經理傑森‧麥克艾文（Jason McElwain）夢想在畢業以前上場打一分鐘就好。在季末賽的最後幾分鐘，他終於獲得機會了。他以六次三分球的長射振奮了全場觀眾，眾人為之瘋

狂，把喜出望外的他抬起來慶祝。

- 有些知名的演員在努力圓夢時甚至無家可歸，例如希拉蕊‧史旺（Hilary Swank，睡在車上）、金‧凱瑞、大衛‧萊特曼（David Letterman）、卓別林等令人意外的大明星。

- 女神卡卡的前男友在她發行首張專輯《超人氣》（Fame）以前告訴她，她永遠成不了氣候。《超人氣》贏了葛萊美獎。

- 運動評論家說，網球好手拉斐爾‧納達爾（Raphael Nadal）只可能在法國公開賽的紅土球場上贏球，但是納達爾後來在各種球場上贏得冠軍（包括溫布敦的草地球場，以及美國和澳洲公開賽的硬地球場），讓那些評論家就此閉嘴。

- 彼得‧傑克執導過一系列名不見經傳的恐怖電影，很多人懷疑他執導主流電影的能力，那是在他執導《魔戒》三部曲以前的事。三部曲中的第三部《王者再臨》後來贏得十一座奧斯卡獎，確立了他在電影史上的地位。

- 羅素‧克洛（Russell Crowe）想當搖滾明星不成，後來在一家飯店裡當賓果遊戲的報數員，之後才嘗試演戲，後來以《神鬼戰士》（Gladiator）贏得奧斯卡最佳男主角獎。

- 紅髮的奧運滑雪冠軍夏恩‧懷特（Shaun White）幼時因心臟缺陷，動過兩次大型的心臟手術，但是他後來成為當代最超人氣的運動明

星之一。

- 安德烈‧波伽利（Andrea Bocelli）三十四歲時，有人說他這時開始唱歌劇太老了，後續的發展人盡皆知。

奧利弗‧溫德爾‧霍姆斯說得好：「很多人死的時候，天賦仍未大鳴大放。」真正的悲劇在於，我們放任自己的夢想被偷走，所以你應該堅持夢想！

夢想是永恆的

追求夢想沒有年齡限制，前面提過摩西奶奶七十六歲才開始畫畫，一直畫到一百零一歲。建築師法蘭克‧洛伊‧萊特（Frank Lloyd Wright）在九十二歲時完成古根漢美術館。很多人覺得在運動界，二十出頭以後就過了顛峰期，但是游泳好手達拉‧托雷斯（Dara Torres）四十一歲才加入美國奧運代表隊。茱莉亞‧柴爾德（Julia Childs）四十歲才開始上烹飪課，五十歲才推出電視烹飪節目。農場工人行動主義分子及勞工領袖凱薩‧查維斯（Cesar Chavez）六十一歲時，以三十六天的絕食行動，呼籲大家關注危害農場工人及其子女的農藥。一九九四年，查維斯獲得美國最高的平民榮譽獎「總統自由勳章」。

你的個性適合你的夢想嗎？

瑪莎・貝克（Martha Beck）在著作《找到你自己的北極星》（*Finding Your Own North Star*）中寫道，哪些個性類型有助於實現夢想，哪些個性類型不適合，以下是我爲各種個性做的簡單摘要：

混亂突擊隊

這種人的夢想不斷改變，他們一感到無聊就更換夢想，結果是到處闖蕩和嘗試，但鮮少實現夢想。

大夢想家 / 無實踐家

你一定認識這種人，這種夢想家喜歡坐在辦公室裡，煞有介事地規劃職業生涯，表面上，他們似乎在做正確的事。他們會做創意想像，經常自我肯定，寫下詳細的使命宣言，讀遍所有的勵志書，但是最後什麼也沒做，毫無行動。這種人比較習慣沉浸在想像中，而不是面對現實世界。除非他學會採取務實的行動，否則夢想永遠不會實現。

不知變通型

這種人穩如磐石，他們認眞完成工作中的每項任務和繁瑣面，但是別

叫他們舉一反三。他們會把工作完成，但是別叫他們另類思考、想出新回應或創意方案。

現實主義型

這種人最適合追蹤所有的細節，他們擅長安排行程，確保每件任務完美達成。他們容易愛上別人的願景，就某種意義上說，他們是幫別人實現夢想。

圓夢者

我想自己再添一種類型：圓夢者。他們不僅有遠見，也知道如何讓事情發生。他們知道，重視每種類型的優點，就可以組成一支有互補能力的團隊，完成美好的事情。圓夢者知道擅長看地圖的人不見得適合開車，他們有遠見，懂得另類思考。他們也有足夠的專注力，知道如何跨越目標的終點線。他們知道如何讓不同類型的人齊心朝同一方向邁進，他們不只夢想搭建空中樓閣，還會打地基，一磚一瓦逐一搭起樓閣。

請你自問：你最像上述的哪種類型？還是你是多種類型的組合？你周遭是否有能力互補的人幫你實現夢想？誠實回答這些問題可以幫你更恰當地運用心力，實現夢想。

生命的悲劇不是死亡，而是活著時內心已死。

——美國新聞工作者諾曼·卡辛斯（Norman Cousins）

有勇氣實現夢想

　　實現夢想的人至少有一個共通點：他們都有勇氣採取行動以實現夢想。勇氣是讓你跨出去實現夢想的關鍵所在。若是沒有勇氣，在希望最渺茫的時候，你可能永遠也沒有毅力堅持下去。作家彼得·麥威廉（Peter McWilliams）指出，我們必須願意為了實現夢想而付出代價，必須願意離開安適區。麥威廉寫道：「我們必須願意感受不安，相對於夢想實現，不安只是小小的代價。」

　　溫布敦網球冠軍瑪麗亞·莎拉波娃（Maria Sharapova）的故事鼓舞人心，她的故事提醒我們，美國夢依舊活躍，即便你是生在西伯利亞。莎拉波娃還小時，家人逃出發生核爆意外的車諾比，他們希望給女兒更好的人生，決定舉家遷往美國，當時他們身上只有七百美元。父母希望莎拉波娃能進入佛羅里達州著名的尼克波利泰尼網球學校（Nick Bollettieri Tennis Academy），在裡面出人頭地。

　　他們一家離開俄羅斯那天，祖母看到七歲的莎拉波娃從容地打包，仔細地摺衣服，彷彿「為自己的命運做準備」似的。對莎拉波娃來說，命

運來得比預期還早。十七歲時，她以黑馬之姿，擊敗大家看好的小威廉絲（Serena Williams），奪得二○○四年溫布敦網球賽的冠軍，震驚網壇，之後她又贏得美國公開賽和澳洲公開賽。莎拉波娃和她的家人證明了夢想的確會實現，但是需要勇氣並冒恰當的風險，美夢才會成真。

爾瑪‧邦貝克（Erma Bombeck）對於勇氣及實現夢想提出以下的見解：「有些人把夢想放在小盒子裡，他們說：『對，我有夢想，我當然有夢想。』然後他們就把盒子收起來，偶爾拿出來看一下說：『對，夢想還在。』這些夢想很棒，但它們從來不曾離開盒子。把夢想拿出來試煉，然後自問我做得好不好，那需要不尋常的膽識，那正是勇氣派上用場的地方。」諾曼‧卡辛斯曾說：「人生的悲劇不是死亡，而是活著時內心已死。」

凱文‧柯斯納主演的《夢幻成真》是我最愛的電影之一，小時候我也曾夢想變成大聯盟的球員，和最優秀的球員比賽。在那部片中，我最喜歡的場景是，約翰‧肯薩拉（John Kinsella）和葛倫醫生（年老的畢‧蘭卡斯特〔Burt Lancaster〕演得很有說服力）對於夢想的精彩討論。我來說明那個場景吧：肯薩拉問葛倫醫生，只打過一場大聯盟球賽是什麼感覺。葛倫醫生說，他連球都沒擊出內野，球賽就結束了，賽季也結束了。接著，年老的葛倫醫生又悵然若失地說：「當時我以為來日還有機會，沒想到那是唯一的日子。」

盡情築夢，宛如你將永生不息；盡情生活，宛如你將命盡今夕。

——詹姆斯·狄恩（James Dean）

時機與夢想

　　我想稍微談一下時機和夢想。有時候太想抓住完美時機，可能因此葬送了夢想，實現夢想的最佳時機就是現在。每個人一生的心跳次數都是有限的，所以別浪費時間幫別人實現夢想，還記得你年輕時那些美好的夢想嗎？行動的時機就是現在。我為這本書做研究時，我問了一些人，他們人生中最快樂的時期是什麼時候，他們都回答是年輕在學的時候，或是念大學的時候。那答案和金錢無關，因為多數人在那些時候都沒什麼財富，我們之所以快樂，是因為那時夢想還在前方，即使夢想看起來再怎麼異想天開，似乎都有可能達成。

　　我來分享一個我自己的故事，因為那和時機及夢想有關。我從年輕時就夢想住在加州海邊的卡媚兒市。如果你沒聽過或去過卡媚兒市，那是個優美的濱海小市鎮，影星克林·伊斯威特（Clint Eastwood）曾是那裡的市長。它的北邊是全球知名的圓石灘高爾夫球場，南邊是傳奇的大索爾海岸。我在本書稍早前提過，我以前夢想有一天住在那裡，但那一天似乎從未來過，我一直擱著那夢想，想等待所謂的完美時機再行動。

我不知道最佳行動時機就是現在，我在等待完美的價格或完美的利率或兩者皆完美的時候。總之，就是拖延的毛病。不過，現在我可以開心地說，後來我照著自己的書去實踐，跨出去追夢，如今我就住在濱海的卡媚兒市，天天欣賞動人的黃昏美景。

我是怎麼跨出去追夢的呢？很簡單，我終於意識到完美的行動時機永遠不會出現。如果我想要實現夢想，就必須停止遙想，「現在」就行動。

說到夢想，別讓自己因為沒全力追求夢想而抱憾。不然的話，你不僅現在會遺憾，以後也會遺憾。馬克·吐溫曾說：「二十年後，你對於不曾做過的事所感到的失望，將會多於那些你做過的事。所以，解開纜索，駛出安全的港灣，乘著信風，揚帆出航吧。去探索，去夢想，去發現！」

甘迺迪總統受到蕭伯納一句話的啟發，開闢了新疆域，打造了夢想中更好的美國：「有些人看著世界的現況，問為什麼；我夢想世界不曾有過的模樣，問為什麼不呢？」

伸手去摘星，鼓起勇氣和毅力去實現夢想，別怕離開海岸。不過，最重要的是，別讓自己懷抱任何遺憾。

我想以巴里摩那句振奮人心的名言來結束最後這章：「只有當遺憾取代了夢想，才算年華老去。」

實現夢想的七個秘訣

1. **釋放夢想**。讓夢想起飛，清楚定義夢想，並鼓起勇氣冒適切的風險，讓它實現。

2. **避免做白日夢**。確定夢想和你的目的、熱情、才能、優勢相符。如果你有一副破鑼嗓子，就不要幻想成為職業歌手。

3. **現在就行動**。夢想不是多變的白日夢，需要以持續的行動推進才能實現。

4. **避開懷疑者**。別讓任何人攻擊或竊取你的夢想。很多立意良善的人，反而會在無意間剝奪你達成夢想所需的正面心態。

5. **告訴別人**。告訴你崇拜與尊敬的樂觀者，你即將全力以赴去實現夢想。這樣做可以給你一些壓力，但是也可以為你的支持團隊再添一名生力軍。

6. **想像結果**。想像你實現夢想的最終結果。想像你完成小說或開始創業。空手道高手在劈磚以前就已經看穿磚塊。

7. **專注向前**。別讓自己因為夢想不夠遠大、沒全力去追求夢想而抱憾，你應該放膽去做，全力以赴。切記，別讓遺憾取代了夢想。

++++ **本章摘要**

　　最後一章定義讓公司未來成長的多種機會目標或遠見。本質上，這是行銷計畫流程裡的「夢想」單元。

　　在個人方面，人各有夢，要不要實現夢想是由我們自己決定。這世上總是會有懷疑者想勸我們打消念頭。我們需要有勇氣和決心才能實現夢想，不能把夢想鎖在保險箱裡，應該讓宅自由飛翔。

　　不過，最重要的是，說到夢想，我們不該留下任何遺憾。只要有夢，我們就有能力實現。

> **反思時間**

你是否擱置了任何遠大的夢想？你是在追逐自己的夢想，還是在幫別人追逐夢想？你是否讓遺憾取代了夢想？

譯註
8 尤指美國南部和中西部基督教新教徒基本教義派普及的一些地區。

結語

要麼寫些值得閱讀的東西，要麼做些值得書寫的事情。
——富蘭克林

我必須承認，我的人生自從寫了那本暢銷書《人生行銷計畫》後，就出現了巨大的改變。我在幫讀者找出什麼東西最重要時，我也有所頓悟，發現了自己拒絕了真正的志業，活在謊言裡。我鼓勵讀者做的事情，其實是我需要自己去體驗的。我從來沒想到我自己的書會幫我恢復人生／工作的平衡。

在本書的簡介中，我強調我不是只來湊湊熱鬧而已，而是要陪你走完全程。當時我沒想到這竟然會是我人生中最快活、最振奮的旅程。怪的是，我撰寫每一章時，那些內容似乎都剛好呼應了當下我人生的狀況。

例如，當我鼓勵大家找出真正的志業或目的時，我自己的目的也變得更清楚了，直覺告訴我，我需要激勵自己和他人，不只賺錢，也要創造意義。我需要大力推廣真正的成功永遠和關懷他人有關。當我勸讀者要

做眞實的自我時，我意識到自己戴著企業的面具，並不是我想變成的那種人。

當我鼓勵讀者善用時間，對最重要的事情採取行動時，我發現自己在無意間也忘了對最重要的事情採取行動。我發現我爲了更大的行銷挑戰或更好的收入，而擱置了人生中很多重要的事情。當時，對我來說，我只在意各種數字：有多少……多快……等等。

我勸讀者改造自己時，卻沒發現自己也該改變人生的方向。

我一直很在意死後留下什麼典範傳承，但是我現在知道，眞正重要的是你在世時做了什麼。我發現在世時就留下典範傳承的答案就在我的書裡。此外，我確認我用來幫企業賺錢的流程，可以進一步創造出意義。諷刺的是，我發現有時你錢賺得愈多，創造的意義愈多，歐普拉、比爾·蓋茲、勞勃·瑞福就是實例。賺錢的能力是天分，但是你用心和給予時，需要用對地方。之前我沒做到，現在我做到了，自我價值也因此大幅攀升。

我照著耳邊響起的人生／工作流程開始行動，對我的人生計畫採取了以下步驟：

- 我勇敢地從一家我共同創立的公司，辭掉高薪的管理高層工作，因爲那份工作已經不再呼應我的人生目的，我需要清楚界定我在世留

下的典範傳承。

- 為了同時賺錢及創造意義，我運用行銷方面的才能，為兒童群益會辦了一個聖誕節慶活動。我知道如果我心裡沒有聖誕精神，也不可能在聖誕樹下找到。此外，我也主動為有七十五年歷史的卡媚兒市巴哈音樂節提供行銷服務，吸引更年輕的聽眾參與，幫助未來的世世代代欣賞古典樂。我開心地回到新英格蘭的母校，幫他們行銷令人振奮的願景。

- 我們創立了一家新公司，名叫三風。新公司的主要目的，是激勵個人與企業定義與實現目標、夢想和願望。公司提供一系列的書籍、影音課程、研討會、個人輔導和演講活動。另外，我們也在開發「享受人生」社交遊戲，以及一系列鼓舞人心的服飾和配件，請隨時留意後續的發展。

- 我們持續透過品標行銷顧問公司服務世界各地的客戶，這家顧問公司提供線上行銷計畫課程，幫助小公司及小企業主推出產品上市，打造品牌，充分發揮成長潛力。

最後，我希望這本書可以成為催化劑，啟動你展開個人旅程——一場重新探索的旅程，幫你定義真正的目的，提醒你把時間投入在最重要的事物上。當你展開旅程時，請記得湯普森（Hunter S. Thompson）這

段美好的哲言：

　「人生不該是邁向墳墓的旅程，一心只希望自己能以完好的身軀安全抵達目的地，而是應該卯起來在煙霧中滑行，徹底用盡能量，精疲力竭，並大喊：『哇！不虛此行！』」

練習題

以下是對應本書每一章的練習，你會發現和啟動事業及人生有關的難題，但也會因此獲得很大的收穫。讀完整本書再來回答這些問題會容易許多，切記，你的答案並非固定不變的。尤其在個人方面，那些答案可能隨著你生活中面對的事件而改變，例如結婚、生子、轉業、搬家、離婚、失去至親或家人等等。因此，你應該每半年就重新檢視答案，以確保答案仍呼應你真正的目的和熱情。

為了讓你回答這些問題時更有彈性，我們提供了三種答題選擇。

1. 在你的筆記本上回答那些問題，把答案收在抽屜或檔案櫃裡，未來再拿出來檢討。我建議你別把答案寫在書上，這樣才可以和親朋好友分享這些問題，又不至於影響他們作答。

2. 上 www.thirdwind.com 網站，我們會以電子郵件寄一份表格給你。如果你喜歡傳統的方式，我們也可以郵寄兩份印好的問卷給你。把填完的問卷收在未來可以輕易拿出來檢討的地方。切記，這個人生規劃流程

是活的，不斷在改變。你會想要每年都重新回答一次問題。

　3.上 www.thirdwind.com，建立個人檔案，你可以在那裡回答問題，我們會把你的答案安全地儲存起來，讓你未來拿出來檢討。這樣你就不會搞丟答案，每六個月可以回顧計畫，或是遇到改變人生的事件時，可以拿出來更新。

　一旦你上 www.thirdwind.com 註冊，你可以選擇加入我們的線上社群，和其他改善人生的人一起切磋砥礪。

練習 1：發現自我的問題

　回答發現自我的問題需要一點勇氣，不過，你的答案會幫你界定你是誰，更重要的是，你想成為什麼樣子。

A. 什麼最重要？

　列出對你最重要的五種東西、人或理念，試著按重要順序排列（以下是幫你思考的參考答案）。

1.（家庭）

2.（職業生涯）

3.（新工作）

4.（社群工作）

5.（慈善公益）

B. 你的目的是什麼？

　　利用你從第一章「定義你的目的」單元裡學到的東西，以一個句子或一個段落描述你人生的目的（例如，激勵、鼓舞、指導別人對於對最重要的事情採取行動）。我的人生目的是：

C. 什麼東西會燃起你的熱情？

　　列出你人生中真正熱愛的五件事，什麼事情給你最大的樂趣？（以下是幫你思考的參考答案。）

1.（我的小兒子邁克）

2.（洛杉磯湖人隊）

3.（烹飪一頓美食）

4.（前往義大利的阿瑪菲海岸旅遊）

5.（高爾夫球低於九十桿）

D. 你何時充滿無限喜悅？

回想你何時覺得內心充滿無限喜悅，那是什麼情況？

E. 你何時完全忘了時間的流逝？

你做什麼事情時完全忘了時間？請列出來。

F. 你童年的夢想是什麼？

童年時你有哪些夢想和幻想？

G. 寫下你「最崇拜」的名單。

寫下你崇拜的名人或一般人，並寫下你佩服他們的原因。

反思時間

我現在走的路，正引導我走向人生真正的目的嗎？

Point

練習 1：鎖定你的優點

　　了解你的優點，在你覺得最適合用來定義你的字眼旁邊打勾。接著再看一次清單，剔除絕對不是你優點的那幾項。切記，善用你的優點及管控你的缺點。

__行動	__鼓勵	__領導
__建議	__主張	__學習
__分析	__評估	__管理
__編預算	__執行	__最大化
__照顧	__專注	__指導
__競爭	__資助	__追蹤
__溝通	__成長	__激勵
__聯繫	__幫助	__組織
__烹飪	__想像	__說服
__創造	__實施	__開創
__開發	__影響	__解題
__指導	__啟動	__恢復
__編輯	__創新	__寫作

練習 2：自我檢視

A. 富蘭克林用這個簡單的加減表格來分析優缺點，你會發現這個表格很有幫助。把你從練習 1 收集的資訊填入下表中。切記，不要只列出

你職業生涯中的優缺點，也要納入你的個人特質。

富蘭克林表	
優點（+）	缺點（-）

B. 填完表後，請五位認識你的人（不只是朋友或家人）列出你的三大優點和缺點。檢查他們列的項目是否類似你列的，你對自己的看法和別人對你的看法相同嗎？（例如，如果你覺得自己是優秀的領導者，但其他人不覺得，你需要縮小認知和現實之間的差距嗎？）

練習 3：善用優點

列出運用你的專業優點為你的個人生活增添樂趣與意義的方法（例如，如果你是優秀的作家或演講者，你可以為社區報紙寫專欄或是到大

學演講，以你的溝通技巧嘉惠他人）。

練習 4：從優秀到卓越

你在哪方面可以做得和多數人一樣好，或是比多數人好？

練習 5：創造新名片

創造超越你工作、專業或職稱的新名片（例如，張三：美食達人；李四：卓越設計師）。

姓名：

新頭銜：

練習 6：管控缺點

列出管控缺點的最佳方法，例如，如果你缺乏在激烈就業市場中與人競爭所需的電腦技巧，你可以去上電腦課。

想想你要如何善用優點及管控缺點才是最好。

Point 3

練習 1：真實的你

A. 描述你一直想成爲的樣子（例如，有高度道德誠信、樂於助人的人；讓家人幸福的好父親和好丈夫）。

B. 列出你爲了他人或爲了升官加薪而妥協眞實自我的時候。

C. 你在公司或在家戴什麼面具，讓人無法接觸到眞實的你？（勇敢的面具？滑稽的面具？裝可憐的面具？）

D. 發現眞實自我：在發現眞實自我的過程中，有時候說出你明顯「不是」什麼比較容易。畫出兩欄，把「顯然不是你」的描述放在左欄，你也可以列出你覺得自己最不眞實的時候和情境。在右欄，列出你覺得最接近眞實自我的描述、時間和地方。

完成這個練習後，你需要採取行動，縮小你現在和該有的樣子之間的差距。

顯然不是我	真實自我

練習 2：簡潔即是豐富

寫下三點你需要削減才能讓生活更忠實的東西（例如，減少電子郵件，減少以 iPhone 發簡訊的時間，減少上網亂逛的時間，減少看電視或玩電動的時間，減少通勤的時間，減少工作，減少分心）。

練習 3：真實團隊

列出有資格加入你「真實團隊」的人，以及你欣賞他們的原因。例如歐普拉是正面積極的模範。

反思時間

你現在就是你該有的樣子嗎？

練習 1：採取行動

A. 列出三次你沒採取行動，之後感到非常後悔的事（例如：換工作，沒投資某檔後來上漲的股票，沒斷絕某段麻煩的關係等等）。

B. 針對你的目的採取行動。列出三個有助於你往真正目的邁進的步驟（例如，多陪伴家人，開始寫劇本，多貢獻社群，或是捐款給你的高中或大學）。

C. 列出三次你身體力行的例子。

練習 2：完美時機

列出你為了等候完美時機而錯失機會的例子（例如，夢幻美屋被人買

了，沒把握的工作機會）。

練習 3：冒險

A. 列出三次你希望當初多冒點「適切」風險的事。

B. 沒冒那些風險，結果是如何？

C. 列出你人生中冒過最棒的三次風險（例如，辭掉沒前途的工作，自己創業）。

D. 冒那些「適切」的風險後，得到什麼正面的結果？

E. 未來幾個月你需要冒什麼風險，才能更符合人生的真正目的？

F. 冒險者 vs. 避險者：回顧你的人生，列出你在哪些方面是冒險者（例如投資股票、賭博），列出你在哪些方面是避險者（例如感情、不願換工作等等）。

冒險者	避險者

> **反思時間**

上次你冒著失敗的風險，投入你堅信的事物是什麼時候？

練習 1：每十年為一期的關鍵時刻

A. 從你出生開始，每十年為一期，列出關鍵時刻。

第一個十年：（1 至 10 歲）

第二個十年：（11 至 20 歲）

第三個十年：（21 至 30 歲）

第四個十年：（31 至 40 歲）

第五個十年：（41 至 50 歲）

第六個十年：（51 至 60 歲）

第七個十年：（61 至 70 歲）

其他十年（如適用的話）

B. 退後一步，檢討那些人生的關鍵時刻如何幫你塑造或強化個性特質（例如：從出車禍到戲劇性康復的過程，教我如何堅持下去。在學校獲得好成績，讓我有信心繼續深造。失去雙親讓我學會因應悲傷）。

C. 回顧過往，哪個十年給你最多的歡樂？為什麼？

D. 回顧過往，哪個十年給你最多的遺憾或悲傷？為什麼？

E. 哪個歷史事件或改變世界的事件對你的人生影響最大？為什麼？（例如，九一一或其他的恐怖攻擊、經濟危機、住家遭到法拍、股市大

漲大跌、科技革命）。

練習 2：改造自己

A. 列出你曾經為了達成目標、夢想和願望，而改造自己或重新定義自己的時候。

B. 如果你今天可以對自己或人生做一項改變，你會改變什麼？什麼因素阻礙你沒做那個改變？

> ┌─────────────────┐
> │　　**反思時間**　　│
> └─────────────────┘

你上次為了實現目標、夢想和願望而改造自己是什麼時候？

Point **6**

練習 1：你的人生代表著什麼？

A. 列出你與眾不同或獨特的方式。

B. 歐普拉的名字代表實現夢想，充分發揮潛力。金恩博士的名字代表種族平等。你的名字代表著什麼？

練習 2：專精／窄播

哪方面是你的真正擅長？你如何運用那方面的優勢來幫助他人？你可以回頭參考第二章的練習 3：善用優點。

練習 3：發揮影響力

列出三次你幫助他人、產生正面影響力的經驗。

1

2

3

練習 4：個人品牌

以一句話描述你的個人品牌（例如，我是啟發和鼓勵他人充分發揮潛

力的人）。

練習 5：行銷你的個人品牌

列出你向外界行銷個人品牌時，需要採取的行動（例如，更新
Linkedin 上的簡歷，更新臉書的檔案資料，更新衣櫃裡的衣服）。

> ┌─────────────────┐
> **反思時間**
> └─────────────────┘

你有什麼獨特之處或顯著差異？你是否藉由幫助他人，發揮正面的影響力？

Point**7**

練習 1：定義你的典範傳承

A. 萬一你明天就死了，你最有可能留下什麼典範傳承？

B. 你對那典範傳承滿意嗎？為什麼？

C. 你希望在你的墓碑上看到什麼墓誌銘？

練習 2:你的典範傳承將來自何處?

你的典範傳承可以有幾種形式。挑選最能展現你典範傳承的形式。

A. 家庭/孩子

B. 有意義的工作

C. 慈善理念

D. 回饋社群

E. 指導後進或他人

F. 對他人抱持正面態度

G. 日常行善

H. 其他(請說明)

練習 3:指導後進

A. 誰是你生命中最重要的貴人?

B. 貴人對於你幫助他人的方式有什麼正面影響?

練習 4:激勵你幫助他人的方法

列出激勵你幫助他人的電影、書籍、戲劇或藝術品。

反思時間

萬一你明天就死了，會留下什麼典範傳承？你對那傳承滿意嗎？

Point**8**

練習 1：釋放創意

　　A. 左腦使用邏輯，注重細節；右腦則是使用感覺，注意全局。你覺得你主要是左腦人，還是右腦人？你有哪些明顯的左腦人特色或右腦人特色（請回頭參閱第八章的左腦和右腦單元）？

左腦	右腦

B. 你成長的過程中，做過最有創意的事是什麼？

C. 你成年後做過最有創意的事是什麼？

D. 列出你一直想做哪三件有創意的事，但一直擱著沒做（例如，彈吉他、上烹飪班、學畫畫、寫童書等等）。

E. 如果你不怕失敗，不在乎批評，或不需要把事情做到盡善盡美，你會做什麼有創意的事？

F. 阻礙你發揮創意的絆腳石是什麼？

G. 列出你現在可以用來重新喚醒創意的三個行動（例如，上烹飪課、吉他課、參加教會合唱團）。

H. 創意英雄：列出你最崇拜哪三個人的創意。

I. 設定創意目標：列出未來一年為了重新點燃創意，你打算採取的行動。第十章提過，你的目標必須是可量化的，附帶時間和數字（例如，

我希望在未來的半年完成我的第一本詩集，在一年後出版）。

練習 2：遠見

你可以見樹又見林嗎？你可以在結束以前就想像最終的結果嗎？列出你展現遠見的兩個例子。

┌─────────────────────────┐
│　　　　**反思時間**　　　　│
└─────────────────────────┘

你是否擱著創意沒好好運用？你的內在有個傑作正在吶喊，等候釋出嗎？

Point9

練習 1：明智地配置時間

在明智地配置時間以前，需要先找出對我們最重要的事情。我們需要知道我們想騰出時間做什麼。所以，請從下面的清單勾選你希望在生活

中多投入的事情：

__闔家同樂	__烹飪
__兒子	__優質的休閒時間（例如旅遊）
__女兒	__嗜好（請說明）
__妻子	__教育/自學
__丈夫	__社群/志工
__外甥（女）或侄子（女）	__管理個人的投資組合
__孫子	__多接觸大自然
__感情	__住家或度假小屋
__職業	__運動：高爾夫、網球、登山
__新職業	等等
__健康	__其他（請說明）

練習 2：把時間投入最重要的事情

　　知道你想騰出多一點時間做什麼事情以後，現在是填寫圓餅圖的時候。記住，每塊切片的面積代表重要性的百分比。

你希望如何分配時間　　　　　　　　　　　　　　**你目前如何分配時間**

練習 3：善用時間

　　A. 如果你知道你只剩六個月的生命，你會如何分配時間給下面的領域？你會有任何改變嗎？請簡要說明。

1. 家庭

2. 感情

3. 休閒／旅遊

4. 投資組合或遺囑

5. 職業或專業

6. 社群或慈善公益

7. 其他：請說明

B. 如果你摯愛的人（配偶、家人或朋友）只剩六個月的生命，描述你接下來的日子會如何改變對待他們的方式？為什麼不現在就這樣對待他們呢？

C. 如果你只剩一個小時的壽命，你會打電話給誰，對他說什麼？

D. 找出浪費你時間的因素。寫下浪費你寶貴時間的人事物（例如，上網亂逛、看電視、發簡訊、麻煩人物，通勤等等）。

反思時間

你現在把優質時間投注在對你最重要的人事物上嗎？如果不是，你還在等什麼？

Point 10

練習 1：寫下你的目標

寫下你主要的短期目標（一到兩年內）和主要的長期目標（三至五年內）。切記，目標一定要可以量化，附帶著數字和時間（例如，「今年減二十磅」）。記得至少每半年要重新評估以下的目標：

家庭目標

A. 短期（一兩年內）

（例如：每個月陪年邁的父母一個週末）

B. 長期（三至五年內）

（例如：帶家人去歐洲與亞洲，做一趟學習與探索之旅）

健康目標

A. 短期（一兩年內）

（例如：第一年減十磅，第二年再減五磅）

B. 長期（三至五年內）

（例如：以健康膳食和運動習慣來避免復胖）

職業／專業目標

A. 短期（一兩年內）

（例如：一年內升業務主管，兩年內升業務副總）

B. 長期（三至五年內）

（例如：在個人成長領域裡創業，每年業績成長 20%）

財務目標

A. 短期（一兩年內）

（例如：今年讓個人的投資組合增值 10%）

B. 長期（三至五年內）

（例如：五年內買房子）

關係目標

A. 短期（一兩年內）

（例如：多花點時間陪伴家人和最親近的朋友，少應酬）

B. 長期（三至五年內）

（例如：成家，生兒育女）

個人成長目標

A. 短期（一兩年內）

（例如：找出人生的真實目的和熱情，找出對我真正重要的東西）

B. 長期（三至五年內）

（例如：撰寫個人成長方面的書）

閒暇時間和旅行目標

A. 短期（一兩年內）

（例如：每週打一次高爾夫球）

B. 長期（三至五年內）

（例如：放假一個月，去義大利和西班牙旅遊）

其他目標（我一直想做的事情）

A. 短期（一兩年內）

（例如：學吉他）

B. 長期（三至五年內）

（例：攀登雷尼爾山〔Mount Rainier〕）

練習 2：毅力

列出你因堅持到底而達成的目標，讓人從明顯拒絕轉成答應的例子。

練習 3：對失敗的恐懼

列出害怕失敗而阻礙你達成目的或商業目標的例子。你其實可以怎樣改變？

反思時間

害怕失敗是否阻礙你實現個人目標或商業目標？

Point **11**

練習 1：你的核心價值觀

A. 再看一次你在十一章「找出核心價值觀」的單元中列出的核心價值觀。你需要把價值觀縮減到容易掌控的數目，因此，試著縮減出八個對你最重要的價值觀。這些價值觀應該代表你真實自我的本質。切記，沒人可以奪走你的核心價值觀，除非你允許別人那樣做。這些價值觀是安全的避風港，是你可以隨時回歸，做人生重要抉擇的地方。

我最重視的八項價值觀：

B. 你目前的工作符合你的核心價值系統嗎？請說明：

C. 列出你的核心價值觀受到嚴峻考驗的時候。

結果如何？

你學到了什麼？

D. 舉例說明你的核心價值觀何時指引你做出正確的人生重大抉擇。

E. 你做人生的重大決定時，曾經忽略過核心價值觀嗎？如果有，結果如何？你學到了什麼？

F. 父母灌輸你什麼良好的價值觀？

G. 你的價值觀因為多年來的人生經歷而有什麼改變嗎？

練習 2：自我價值／自尊

A. 列出你人生中自我價值或自尊最高的時候。

B. 列出你人生中自我價值或自尊最低的時候（你用什麼核心價值觀恢復自我價值或自尊？）。

> ## 反思時間

你的核心價值觀曾受到嚴峻的考驗嗎？你有高度的自我價值感嗎？

Point 12

練習1：寫下夢想

寫下你想實現的前五大夢想，暫時不需要排列優先順序，盡量想，再怎麼瘋狂的夢想都算數。切記，人生的時間有限，但夢想永遠毫無限制。

1

2

3

4

5

練習 2：實現夢想

舉兩個你跨出去實現夢想的例子。

1

2

練習 3：未完成的夢想

你目前爲了沒盡全力去完成某個重要夢想而感到遺憾嗎？

如果有，請說明。

練習 4：夢想啓發

花時間記下啓發你去實現夢想的電影、戲劇、書籍、歌曲、藝術品或運動賽事。

A. 電影（例如，《攻其不備》、《夢幻成眞》）

B. 戲劇（例如，《夢幻騎士》、《歌劇魅影》）

C. 歌曲（例如，U2 的〈Beautiful Day〉，伊瑟瑞‧卡瑪卡威烏歐爾（Israel Kamakawiwoʻole）的〈Somewhere Over The Rainbow〉）

D. 藝術品（例如，米開朗基羅的《大衛》）

E. 運動賽事（例如，美國奧運的曲棍球冰上奇蹟）

反思時間

你是否擱置了任何遠大的夢想？你是在追逐自己的夢想，還是在幫別人追逐夢想？你是否讓遺憾取代了夢想？

國家圖書館出版品預行編目 (CIP)資料

人生的行銷企劃書：做你熱愛的事，並從中獲利、創造人生意義。/ 羅伯.麥克.博立德（Robert Michael Fried）著；洪慧芳譯. -- 初版 . -- 臺北市：網路與書出版：大塊文化發行，2014.03
372 面；19X20 公分 . -- （FOR2；23）
譯自：Igniting your true purpose and passion : a businesslike guide to fulfill your professional goals and personal dreams

ISBN 978-986-6841-52-1（平裝）

1.生涯規劃　2.生活指導　3.行銷學　4.企劃書

192.1　　　　　　　　　　　　103001662